Siegfried Zelnhefer, Jahrgang 1956, ist Nürnberger, promovierter Historiker, Journalist und Autor mehrerer Bücher. Zuletzt erschien von ihm *Das Nürnberger Christkind*. Wie viele andere Menschen seiner Heimatstadt ist auch er in der Lage, zu jeder Tages- und Nachtzeit »Drei im Weggla« (drei Bratwürste im Brötchen) zu verzehren.

Katharina Pflug, geb. 1990 in Würzburg, ist freie Food-Fotografin aus Fürth. Nach ihrer Lehre zur Werbefotografin und dem Fotografiestudium dokumentiert und erzählt sie mit Neugier und viel Fantasie Geschichten – vom Essen und den Menschen dahinter. Sie produziert Kochbücher, wie z. B. *Nanettes Backbuch*, *Nanettes Kochbuch* und *Nanettes Gartenküche* sowie (mit Thomas A. Vilgis und Manuel Kohler) *Der Genussforscher*.

Manuel Kohler, Jahrgang 1990, ist gelernter Zimmermann und ausgebildeter Koch und hat Architektur studiert. In seiner Arbeitsstätte, der *Mobilen Kochkunst* in Nürnberg, kreiert er aus hochwertigen regionalen Produkten schmackhafte Gerichte der Saison. Mit Thomas A. Vilgis und Katharina Pflug realisierte er das ausgezeichnete Kochbuch *Der Genussforscher*.

Siegfried Zelnhefer · Katharina Pflug · Manuel Kohler

die bratwurst

Geschichten, Hintergründe und Rezepte

ars vivendi

Geschichten / Hintergründe

Rezepte

Sie ist in aller Munde: die Bratwurst. In einigen Gegenden gehört sie zur DNA einer ganzen Region. Sie ist selbstverständlich seit Menschengedenken, und doch wird ihr nicht immer die nötige Aufmerksamkeit geschenkt, weil sie einfach da ist. Was zum Alltag gehört, kann leicht seinen Glanz verlieren. Man sieht nicht mehr das Besondere, das gerade im Einfachen steckt – wenn es gut ist. Dabei gilt auch für die Bratwurst, dass das Schlichte seine volle Güte entfaltet, wenn Qualität, Erfahrung, Kreativität und Leidenschaft eine glückliche Verbindung eingehen. Dann kann aus einer vermeintlich simplen Bratwurst ein Hochgenuss werden.

Die Bratwurst ist ein universelles Nahrungsmittel. Das Brät aus Schweine-, Rind-, Kalb-, Lamm-, Wild- oder auch Geflügelfleisch von verschiedenen Partien, mal mit mehr, mal mit weniger Fettanteilen, gewolft, gekuttert, raffiniert und abwechslungsreich gewürzt, gegrillt, gebraten, geräuchert, getrocknet, gesotten oder auch als Gehäck serviert, könnte unterschiedlicher nicht sein. Die Metzgermeister hüten ihre Rezepte wie ihren Augapfel, doch zum Glück lassen sie uns an den Ergebnissen ihrer Handwerkskunst teilhaben.

In den vergangenen Jahren ist so etwas wie eine Wiederentdeckung der Bratwurst zu beobachten. Der Verzehr an Bratwürsten hat deutlich zugenommen. Die Erzeuger besinnen sich auf den Schatz, den sie hüten, und lassen ihre Produkte schützen. Sie informieren das Publikum zum Beispiel in neuen Museen über das Kulturgut Bratwurst. Da und dort werden Bratwurstpreise vergeben, nicht nur, um die besten Hersteller auszuzeichnen, sondern auch, um immer wieder Interesse für die beliebte Wurst zu wecken und neue Kreationen zu würdigen. Die Bratwurst blickt auf ein langes Leben zurück, doch sie ist auch zur Veränderung fähig.

Vorwort

Dieses Buch basiert unter anderem auf einschlägiger Literatur, Online-Veröffentlichungen, Gesprächen mit Metzgerinnen und Metzgern, Köchen und Menschen, die sich irgendwie der Bratwurst verschrieben haben, sowie auf Verkostungen und dem Vergnügen, traditionelle Bratwurst-Gerichte zeitgemäß zu interpretieren und neue zu kreieren. Der Schwerpunkt liegt auf der Bratwurst im deutschsprachigen Raum, vor allem Franken und Thüringen, wo es besonders viele Beispiele mit langer Tradition und alltäglicher Präsenz gibt. Wir blicken aber auch auf Bratwurst-Spezialitäten anderer Länder.

Im Ausland, vor allem in den Vereinigten Staaten von Amerika, wird Deutschland mit der Bratwurst identifiziert. Der Begriff ist selbst im Englischen gebräuchlich – Bratwurst muss man nicht übersetzen. Vielleicht ist sie auf kulinarischem Gebiet ja so etwas wie ein verbindendes Element der Menschen über Nationalitäten hinweg. Die beliebte Wurst kann auf eine mehrere Tausend Jahre alte Historie verweisen. Sie ist also kein vergängliches Tagesphänomen, sondern ständiger Begleiter unserer Zivilisation. Die Bratwurst gehört zur Grundausstattung jedes fröhlichen Festes, sie ist aber weit mehr als nur ein omnipräsentes Grillgut. Oft ist sie ein Stück Heimat.

Dieses Buch vereint Geschichten, Hintergründe und Rezepte rund um die Bratwurst – gewissermaßen Theorie und Praxis in einem. Dass unsere Lieblingswurst ein echter Alleskönner ist, zeigt Manuel Kohler mit viel Gespür und Kreativität in seinen Rezepten. Fotografin Katharina Pflug setzt die Gerichte in frischen und klaren Bildern in Szene. Wir laden Sie herzlich ein, die Bratwurst neu zu entdecken.

Siegfried Zelnhefer

Die Königin der Würste

Das Prinzip ist denkbar einfach: Man zerkleinert Fleisch, sorgt für eine Mischung aus mager und fett, reichert es mit Gewürzen an und füllt es in Därmen ab, dickeren und dünneren. Fertig ist die Bratwurst. Allein: Wie zerkleinert man es, wie stimmt man die unterschiedlichen Bestandteile ab? Es kommt auf die Rezepturen und die Kunst der Wurstmacher an. Am Ende stehen höchst erfreuliche und unterschiedliche Geschmackserlebnisse.

Jede Wurst nimmt für sich in Anspruch, die beste aller Würste zu sein. Und wenn sie es nicht selber tut, wird es nicht nur einen Metzger geben, der für sie Partei ergreift und sie in den Himmel lobt. Auch im Sinne eines gewissen Eigeninteresses. Aber wir hören aus einschlägigen Kreisen und können es auch mehrfach lesen, die Bratwurst sei die »Königin der Würste«. Was ist da dran? Wenn man Metzger dazu befragt, erntet man manchmal ein verschmitztes Lächeln. Es ist nicht ausgeschlossen, dass auch die Bratwurst-Lobby der vergangenen zwei bis drei Jahrtausende für dieses Image gesorgt hat. Schlimm wäre es aber nicht.

Natürlich haben auch viele andere Würste ihre Qualitäten. Doch Bratwürste verfügen über ganz besondere Eigenschaften, die andere Würste nicht aufzubieten haben. Zuallererst: Die Qualität der Ausgangsprodukte – natürlich vor allem die Güte des Fleisches und der weiteren Zutaten – sowie die Mischung der Ingredienzen machen eine gute Bratwurst aus. Ihre Zubereitung und Präsentation sind mannigfaltig. Andere wurstige Mitbewerber um die Gunst des

Natürlich haben auch viele andere Würste ihre Qualitäten. Doch Bratwürste verfügen über ganz besondere Eigenschaften, die andere Würste nicht aufzubieten haben.

Genießers tun sich erheblich schwerer. Nehmen wir als Beispiel die in Deutschland vor allem südlich des nach ihr scherzhaft benannten »Äquators« (die Donau) beliebte Weißwurst. Es gibt im Kern nur eine Darreichungsform: Man lässt die Wurst im heißen Wasser sanft ziehen. Sodann wird sie mit einer Laugenbreze und süßem Senf serviert. Das war's dann auch schon. (Zugegeben, man kann auch Salat und manch anderes mit der Weißwurst anrichten, doch ihre Möglichkeiten sind überschaubar.)

Welche Vielfalt indes eröffnet sich mit der Bratwurst! Ihre Zutaten variieren endlos. Vieles lässt sich zur Bratwurst verarbeiten: Schwein, Rind, Kalb, Lamm, Wild, Pferd oder Geflügel. Die Variationsmöglichkeiten sind zahlreich: das Fleisch, die Fettanteile, die Gewürze, die Mischung, die weiteren Zutaten, die Konsistenz – fein, mittelgrob oder grob. Sie ist offen für saisonale Beigaben (etwa Bärlauch) und trendige Weiterentwicklungen. Ihr Brät lässt sich manchmal schon im kalten Zustand genießen. Sie lässt sich grillen, in die Pfanne legen und im Sud garen. Sie schmeckt getrocknet und geräuchert. Sie lässt sich einbauen in schier unzählige Gerichte. Sie macht eine genauso gute Figur als Aufstrich auf einem Schwarzbrot wie als Teil einer Sülze.

Sie harmoniert mit vielfältigen Gemüse- und sonstigen Begleitern auf dem Teller. Sie kann ganz klein, ganz groß oder auch in Schneckenform daherkommen. Ein Alleskönner und Best-Performer in jeder Beziehung. Und sie kommt in allen Alters- und Gesellschaftsgruppen gleichermaßen gut an. Bei den Kleinen sind ganz zufällig auch die kleinen Bratwürste besonders beliebt. Sie schmecken am Imbissstand genauso gut wie beim gepflegten Stehempfang. Die Universalität der Bratwurst ist schier nicht zu übertreffen. Und wenn sich die Bratwurst mit Edelgemüse aus dem bekannten Königshaus namens Spargel auf dem Teller vereint, sind die letzten Zweifel an der Berechtigung des royalen Etiketts beseitigt.

Kleine Geschichte der Bratwurst

In Deutschland sind rund 1500 Wurstsorten bekannt. Vielleicht gibt es auch mehr. Es existiert kein offizielles Wurstregister. Ein deutscher Hersteller hat allein 1500 Wurst*gewürze* im Angebot. Die Ausgangsprodukte – das Fleisch, die Zubereitungsart, die Zusammensetzung, die Haut, die Konsistenz, die Optik und vieles mehr – ergeben schier unzählige Wurstsorten. Sicher ist: Deutschland ist das Wurstland Nummer eins.

Der Kunsthistoriker und leidenschaftliche Wurstliebhaber Wolfger Pöhlmann schreibt: »Die einmalige Vielfalt an unterschiedlichen Wurstsorten ergibt ein Abbild von Deutschland, seiner Geschichte und Kultur. (…) Im Phänomen Wurst spiegeln sich ökonomische, politische, gesellschaftliche wie soziale Umstände, aber auch psychologische, religiöse, moralische und ethische Fragen.« Würste machen nicht nur satt, sondern können für Wohlbefinden und höchsten Genuss sorgen. Im besten Fall setzen sie die angenehmsten Gefühle frei. Das beginnt schon damit, wenn man im zarten Kindesalter beim Einkauf an der Hand der Mutter über den Tresen eine Scheibe Gelbwurst gereicht bekommt.

Wer weiß, welche Köstlichkeiten sich noch in mancher Metzgerei abseits der medialen Wahrnehmung einschlägiger Food-Magazine verbergen. Wahrscheinlich gibt es noch viel zu entdecken und noch mehr zu bewahren. Dabei werden heute in Deutschland zwei Drittel der Wurst in Supermärkten verkauft. Die industrielle Fertigung wächst, die Zahl der Metzger (Schlachter, Fleischer) nimmt kontinuierlich ab. Es fehlt

Würste machen nicht nur satt, sondern können für Wohlbefinden und höchsten Genuss sorgen.

auch der Nachwuchs. Die Verbraucher beobachten Tierhaltung und Produktionsbedingungen kritisch, vegetarische und vegane Kost nehmen einen höheren Stellenwert ein. Umso mehr gilt es gerade auch bei fleischlichen Produkten, genau hinzusehen.

Jede Wurst legt nicht nur Zeugnis vom Können seines Herstellers ab. Jede Wurst ist ein Kulturgut. Mit zwei Enden. Und das seit mindestens 7000 Jahren. Aus der Zeit um 5000 v. Chr. sind in Ägypten, Syrien und China Zeichnungen und Malereien von Würsten überliefert. Die Wurst ist eines der ältesten von Menschenhand hergestellten Nahrungsmittel. Zerlegtes Fleisch, Speck, Gewürze, manchmal auch Innereien und Blut wurden in Därme oder Mägen gestopft, zugeschnürt, unmittelbar für den Verzehr gebraten oder auch gekocht, geräuchert und getrocknet.

Mit diesen Methoden war es möglich, das Fleisch der gejagten oder auch (seit rund 10.000 Jahren) gehaltenen Tiere (wie zunächst Schafe und Ziegen, später auch Schweine und Rinder) über längere Zeit haltbar zu machen. Es ging auch darum, möglichst viele Bestandteile eines Tieres, auch vermeintlich minderwertige, zu verwerten. Die heutige »Nose-to-Tail«-Bewegung ist deshalb: ein alter Hut.

Homer lebte in der zweiten Hälfte des 8. Jahrhunderts v. Chr. Er hat uns mit der *Odyssee* eine der bedeutendsten abendländischen Dichtungen hinterlassen. 24 Gesänge und etwa 12.000 Verse verzeichnet das Epos. Odysseus, König von Ithaka, hat alle möglichen Irrfahrten und Prüfungen hinter sich, als er nach zehn Jahren aus dem Trojanischen Krieg heimkehrt. Als Bettler verkleidet ist er wieder an seinem Hofe, wo gerade eine Festgesellschaft versammelt ist. Seine treue Ehefrau Penelope wird von vielen zudringlichen Freiern umworben. Schließlich verspricht sie demjenigen ihre Hand, der den Bogen ihres Mannes zu spannen in der Lage ist. Odysseus beobachtet alle vergeblichen Versuche, ehe er selbst die Waffe erhält – und die Freier tötet. Schließlich erkennt die Gesellschaft in ihm den König.

Es gibt mehrere Fundstellen bei Homer, die auf die Bratwurst jener Zeit verweisen. Im 18. Gesang, Vers 40, heißt es: »Aber Eupeithes Sohn Antinoos sprach zur Versammlung: / Höret, was ich euch sage, ihr edelmütigen Freier! / Hier sind Ziegenmagen, mit Fett und Blute gefüllet, / die wir zum Abendschmaus auf glühende Kohlen geleget. / Wer nun am tapfersten kämpft, und seinen Gegner besieget, / dieser wähle sich selbst die beste der bratenden Würste.«

Nach bestandener Auseinandersetzung wird der Held mit einer Bratwurst belohnt (18, 115): »Freute der edle Odysseus sich herzlich, Antinoos bracht ihm / Jetzo den großen Magen, mit Fett und Blute gefüllet.« Dabei handelte es sich wohl eher um eine recht nährreiche Blutwurst. Aber gebraten war sie. Und an anderer Stelle (20, 25) steht: »Also wendet der Pflüger am großen brennenden Feuer / Einen Ziegenmagen, mit Fett und Blute gefüllet, / Hin und her und erwartet es kaum, ihn gebraten zu sehen.« Spätestens hier hat in der Weltgeschichte die erste Stunde der Bratwurst geschlagen. Zumindest die erste schriftlich überlieferte.

Marcus Gavius Apicius (ca. 25 v. Chr. bis 42 n. Chr.) gilt als römischer Feinschmecker und Liebhaber von Luxus. Von ihm stammt das älteste erhaltene Kochbuch *De re coquinaria (Über die Kochkunst)*. Es enthält über 400 Rezepte und Küchentipps, unter anderem auch Hinweise, wie man eine Bratwurst macht: »Hacke Fleisch und stampfe es im Mörser mit Weißbrot ohne Kruste, das zuvor im Wein eingeweicht wurde. Ebenso stampfe Pfeffer und nach Belieben Myrthenbeeren. Forme kleine Klößchen, in die du noch Pinienkerne und Pfefferkörner hineinsteckst. Hülle sie in Wursthaut und koche sie leicht.«

Ein halbes Jahrhundert später beschreibt der römische Senator und Dichter Titus Petronius in seinem Roman *Satyricon* in deutlichen Worten die Gesellschaft seiner Zeit. Bei einem opulenten Gelage in den besseren Kreisen kommen auch »Bratwürste, die auf silbernem Bratwurstrost rauchten«, vor. Die Autorin Dorothea Čerpnjak schreibt: »Federico Fellini hat den Stoff 1969 verfilmt. Die Bratwurst-Szene in Fellinis Satyricon ist zwar kurz, aber beeindruckend fleischig.« Beim römischen Satiredichter Juvenal (1./2. Jahrhundert) fungieren Bratwürste scherzhaft als Weihegeschenke für Ehe- und Kindersegen.

Von Italien aus ging die Bratwurst auf Wanderschaft. Über das Römische Reich breitete sie sich weiter in Europa aus. (Apicius lebte auch eine Zeit lang in der Gegend um Köln, der einstigen Colonia Claudia Ara Agrippinensium.) Um 1200 findet sich die »pratwurst« in deutschsprachigen Lexika. Es mehren sich schriftliche Belege im deutschen Sprachraum.

Die Obrigkeit achtete auf das gesundheitliche Wohl der Bevölkerung. Im Mittelalter wuchs das Image der Metzger noch. Ihre Zünfte setzten wichtige Qualitätsstandards. Sie waren schließlich – ähnlich den Brauern – für die Grundversorgung der Stadtgesellschaft mitverantwortlich. Die Bratwurst fand Eingang in verbindliche Ordnungen, auch wegen opulenter Feste des Adels und wohlhabender Bürger, die die Nachfrage steigerten. Die Gefahr war real, dass Bratwürste auch mit fragwürdigem Inhalt gestreckt wurden, vor allem als die Metzger bei der Versorgung durch die Bevölkerungsexplosion in Schwierigkeiten gerieten.

Die Bratwurst war Bestandteil des allgemeinen Nahrungsangebots. Man achtete zunehmend darauf, dass Regeln ein-

und die Qualität hochgehalten wurden. Die Zünfte wurden in Rinds- und Schweinemetzger geteilt, um der Brätpanscherei den Garaus zu machen. Die Rezeptur der Nürnberger Bratwürste wurde 1313 vom Rat der Reichsstadt Nürnberg festgeschrieben. »Alles Schweinelenden-Prät soll man in die Würste hacken«, heißt es in der vom Rat erlassenen Satzung. Es handelte sich also um bestes Schweinefleisch. Das Regelwerk verwies auch auf einen Fleischbeschauer.

Nur spezialisierte Schweinemetzger durften die Nürnberger Bratwurst herstellen, und sie mussten ihre Produkte täglich den geschworenen Metzgern und Marktmeistern vorlegen, die sie strengstens hinsichtlich Rezeptur, Struktur, Fleischzusammensetzung und Wassergehalt prüften. Wurden sie als minderwertig beanstandet, zwang man diese unehrenhaften Handwerker, ihre Produkte in die Pegnitz zu werfen. 1497 legte eine Metzgersatzung Größe, Art der Füllung und Preis fest: Aus einem Nürnberger Pfund (etwa 560 Gramm) waren für Garküchen fünf Würste, für Privatleute aus der gleichen Menge vier Würste zu produzieren. »1370 wurden in Esslingen erstmals die Größe und das Gewicht von Bratwürsten amtlich festgelegt«, berichtet Dorothea Čerpnjak. »Metzger, die beim Verlängern von Wurstbrät mit minderwertigen Zutaten erwischt wurden, mussten mit Turmhaft oder Prügelstrafe rechnen.«

Eine Ausgabenaufstellung des Arnstädter Jungfrauenklosters vom 20. Januar 1404 gilt als erster schriftlicher Nachweis

Nur spezialisierte Schweinemetzger durften die Nürnberger Bratwurst herstellen, und sie mussten ihre Produkte täglich den geschworenen Metzgern und Marktmeistern vorlegen, die sie strengstens hinsichtlich Rezeptur, Struktur, Fleischzusammensetzung und Wassergehalt prüften.

der Thüringer Bratwurst. Dort ist vermerkt: »1 gr vor darme zcu brotwurstin«. Es wurde also ein Groschen für Darm ausgegeben, in den Brät gefüllt werden sollte. 1432 erlegte die Fleischhauerordnung in Weimar den Metzgern so etwas wie ein Reinheitsgebot auf.

Fixiert wurde dies im Weimarer Statutenbuch von 1433. Sinngemäß steht dort – nach Uwe Keith: »Auch sollen sie (die Fleischer, d. Verf.) die Bratwürste, Leberwürste und anderen Würste von reinem, frischem Fleisch machen, das weder finnig (ohne Finnen – Larven des Schweinebandwurms) noch wandelbar (gammelig) ist, und sie sollen keine Milzen, Herzen, Nieren noch anderes Ungefährde (alles irgendwie Gefährliche, d. Verf.) noch fremdes Fleisch, welches nicht dazugehört, nehmen.« Zugleich legte die Ordnung die Strafen bei Zuwiderhandlung fest.

Die Galler Metzgerzunft schrieb 1438 in ihren Satzungen: »Item die Bratwürst söllend sy machen von schwinignenn Braten, und darunter hacken gut Kalbelen und jung Ochsen mit Kalber zenen. Und nammlich under drü Pfund Bratten ain Pfund Speck tun umnd nit minder. Sie sonnd och kain Nieren, Hertz noch Halsflaisch darzu nehmen.«

Lange Zeit waren Bratwürste ein Luxusgut, das sich eher Wohlhabende einverleibten, oder etwas, das man sich nur zu besonderen Anlässen leistete. Das hatte sich schon im ausgehenden Mittelalter geändert. In der zweiten Hälfte des 16. Jahrhunderts wurde die Herstellung hochwertiger Bratwürste in Nürnberg für viele Metzger sogar unwirtschaftlich, weil die Preise ständig sanken. (Aus der Misere kam die Branche dadurch, dass die Würste immer kleiner wurden – bei gleichbleibenden Preisen.) Nach dem Dreißigjährigen Krieg und der Dezimierung der Bevölkerung war die Fleisch- und Wurstversorgung kein Problem mehr.

In der Biedermeierzeit entdeckten die Menschen die Bratwurst auf neue Weise: Bei Ausflügen ins Grüne oder bei Zusammenkünften in und vor der eigenen Gartenlaube wurden die Würste selbst gegrillt. »Das kleine, private Glück der über glühender Holzkohle auf eigenem Rost brutzelnden Bratwürste gewann schlagartig große Bedeutung. Die Bratwurst wurde Kult. Eifrig transportierten die Hausfrauen frische Würste zwischen zwei Tellern nach Hause und beglückten damit Familie und Freunde«, schreibt Čerpnjak.

Schon im 18. und 19. Jahrhundert gingen Nürnberger Bratwürste, gebraten und eingelegt in Schmalz, in den Export. Johann Wolfgang von Goethe ließ sie sich mit der Post nach Weimar schicken. Er freute sich über die »Bratwürstchen, welche dort (in Nürnberg, d. Verf.) so vorzüglich gut gefertigt werden« und »mit Majoran gewürzt und ein wenig geräuchert« seien. Johann Leonhard Schrag, Verleger des Schriftstellers Jean Paul, ein ausgesprochener Wurstfreund, sandte 1813 (auf Jean Pauls umfangreiche Würste-Bestellung hin) nach Bayreuth Nürnberger Bratwürste. Der Dichter bedankte sich dichtermäßig: »Die Würste sind meinem Magen schöne Vergissmeinnicht von Nürnberg.« Und er fügte auch an, was nicht so gut war: »Nur die Blutwürste haben den Fehler, (...) zu viel Fett zu enthalten.« Tatsächlich wurde die Bratwurst im 19. Jahrhundert in Deutschland zum Verkaufsschlager. Dies zeigt auch die Wortverlaufskurve für »Bratwurst«, erstellt vom Digitalen Wörterbuch der deutschen Sprache. Es durchforstet alle digital zugänglichen Veröffentlichungen jedweder Art. Lag die Frequenz im Jahr 1600 bei unter 1, stieg sie um das Jahr 1840 auf rund 2,7, um 1920 auf 0,5 abzusinken, ehe es ab dann ganz allmählich wieder nach oben ging. Der Erste Weltkrieg hatte die Möglichkeiten des Bratwurstverzehrs, sowohl was die Hersteller als auch die finanzielle Lage der Verbraucher anbelangte, deutlich begrenzt.

Die fränkischen Metzgerinnungen versuchten mit 1500 Rostbratwürsten positiven Einfluss auf die Verhandlungen um den Völkerbund in Genf zu nehmen, begleitet von einem Mundartgedicht: »Dös riecht an Blinder in der Nacht: / A Volk, das solche Broutwürscht macht, / Dös Volk is in sein Innern gsund!« 1926 wurde Deutschland wieder in den Völkerbund aufgenommen. Wie es um »das Volk« und seine »Gesundheit« bestellt war, zeigte sich indes nur wenige Jahre später auf menschenmordende Weise.

Nach dem Zweiten Weltkrieg verharrte die Kurve der Nennung des Begriffs »Bratwurst« in Zeitungen sehr lange auf einem konstant niedrigen Niveau. Dies änderte sich ab der Mitte der 1980er-Jahre. Bis 2016 schoss die Kurve um das Siebenfache nach oben, ehe es danach wieder einen sanften Rückgang gab. Man kann nur vermuten, dass die weitere Popularisierung der Bratwurst unter anderem mit der neuen Lust am Grillen zu tun hat.

Der Erfolg der Bratwurst mit der Tendenz zur Massenware ist eine Folge der Industrialisierung. Noch im Mittelalter zerkleinerten Metzger das Fleisch mit Wiegemessern und füllten die Därme mit einem Trichter. Die Gerätschaften wurden über die Zeit aber immer besser. Man entwickelte zum Beispiel mechanische Wurstspritzen. Die neuen Dampfmaschinen des 19. Jahrhunderts betrieben über Transmission große Wiegemesserapparate und Kolbenfüllmaschinen. Weitere technische Innovationen wie Dampfwölfe, Wurstfüllvorrichtungen und die aus Amerika importierten Schnellschneidemaschinen, die Kutter (von to cut - schneiden), revolutionierten die Produktion. Große staatliche oder städtische Schlachthöfe waren wichtiger Teil der immer effizienteren industriellen Fleischverwertung. Die Bratwurst ist seither allseits verfügbar und bezahlbar.

Der Erfolg der Bratwurst mit der Tendenz zur Massenware ist eine Folge der Industrialisierung.

Ein philologischer Blick auf die Bratwurst

Erinnern wir uns: Odysseus' Wurst im Ziegenmagen wurde gebraten. Eigentlich ist bei der *Brat*wurst mit *Brät* aber nur die aus zerkleinertem, rohem Fleisch bestehende Fülle gemeint. Dass das Ergebnis auch gerne gebraten oder gegrillt wird, sorgt für die zweite und heute vorherrschende Bedeutung der *Brat*wurst. Etymologisch ist das Verb *braten* aber nicht mit dem *Brät* verwandt.

Der erste Teil der Bezeichnung geht auf das althochdeutsche *brâto* (8./9. Jh.) beziehungsweise das mittelhochdeutsche *brâte* zurück, was so viel wie »schieres, essbares Fleisch« bedeutet. Der ursprüngliche Sinn ist heute noch im Wild*pret* für Wild*fleisch* erhalten. Bleibt der zweite Teil: die *Wurst*. Für dieses Wort gibt es in Deutschland im 11. und 12. Jahrhundert Nachweise in Glossensammlungen als Übersetzungen der lateinischen Worte *salsicia, farcinem* und *lucanica*. In allen romanischen Sprachen geht übrigens die allgemeinste Bezeichnung für Wurst auf salsicia zurück. Im Französischen begegnet uns die *saucisse*, im Italienischen wird im 12./13. Jahrhundert die *salsiccia* übernommen, im Spanischen kennt man die *salchida*, aus der die *chorizo* wurde, im Portugiesischen die *chouriça*, heute *chouriço*.

Erich Lissner schreibt in seiner *Wurstologia*: »Alle leiten sich her von einem Wort der lateinischen Umgangssprache, dem vulgär-lateinischen *salsicia*, das zu dem lateinischen Wort *salsicius* = eingesalzen gehört; belegt ist es zum Beispiel in der Verbindung *farta salsicia* = Salzwürste. *Salsicius* wird wiederum so erklärt, daß es aus *salsus* = gesalzen und *isicium* = Sülze, Wurst zusammengesetzt ist.« Woher die Salsiccia in Italien kommt, ist unklar. Sie wird in der Literatur immerhin schon vor rund 2000 Jahren erwähnt, und zwar als *lucanica*. Sklaven aus Lucania, der heutigen Region Basilikata, haben die Spezialität nach Rom gebracht. Aus dem Wort *lucanica* entwickelte sich das Wort *luganega*, heute als Begriff in der Lombardei, Trentino und Venetien für dünne *Salsicce* gebräuchlich. Die *Luganega* gilt als feine Wurst.

Es gibt im Mittelalter auch schon die Zusammensetzungen *lebarwurst* und *pratwurst.*

Phonetisch hat sich die Wurst im Deutschen seit tausend Jahren nicht mehr verändert. Es gibt im Mittelalter auch schon die Zusammensetzungen *lebarwurst* und *pratwurst*. Die Bratwurst ist also eine mit Fleisch gefüllte Wurst oder einfach: eine Fleischwurst. Nach Lissner gehört der Begriff *Wurst* »in die große Wortfamilie, die immer die Tätigkeit des Drehens, Rollens, Wendens oder die Ergebnisse dieser Tätigkeit bezeichnet«.

Eine andere Deutungsmöglichkeit könnte in dem Verb *wirken* liegen. Jäger bezeichnen das Zerlegen des Wildes zum Beispiel heute noch als *Zerwirken*. Es könnte sich die Wurst aber auch von *wirren* ableiten im Sinne von *Gemengsel, Durcheinander* und *Vermischen*. Dieser Erklärung neigt Wolfger Pöhlmann zu. Er verweist aber auch auf Sprachwissenschaftler, die es im Sinne Lissners vom indogermanischen *uert* ableiten, was so viel wie *drehen* bedeutet. Pöhlmann schreibt: »Aus dem ›uert‹ wurde ›ursti‹, dann ›Wursti‹und schließlich ›Wurst‹«.

Die Wurst im Allgemeinen, aber auch die Bratwurst im Besonderen erweisen sich sprachlich durchaus als vielschichtig, manchmal in ihrer metaphorischen Bedeutung sogar als widersprüchlich. Es beginnt schon mit dem weit verbreiteten Ausspruch, wenn einem etwas egal ist: »Das ist mir wurst!« oder auch »Das ist mir wurscht!« Dabei gibt es nicht nur *eine* Erklärung. Die Wurst ist ambivalent.

Kleingehacktes Fleisch und Innereien galten immer als etwas Minderwertiges. Solange es keine Regelungen gab, konnten die Metzger auch Abfälle in die Pelle geben. Wurst war billiger als frisches Fleisch, enthielt weniger wertvolle Bestandteile. Dann ist es nicht mehr weit zu »gleichgültig« und zur »Wurstigkeit«, die man bei jemandem ausmachen kann. »Alles hat ein Ende, nur die Wurst hat zwei«: Das heißt, es ist egal, an welchem Ende man sie aufhängt oder abschneidet. Eine ältere Deutung sagt, es sei jemandem gleich, welche Wurst er nehme, denn eine Wurst ähnele ohnedies jeder anderen.

Dabei kann die Wurst auch als Synonym für eine kleine Wohltat gelten, etwa wenn jemand eine Extrawurst erhält beziehungsweise ihm diese besondere Zuwendung verwehrt wird: »Du bekommst keine Extrawurst!« Die Wurst steht auch für eine wichtige Entscheidung, eine Herausforderung und etwas Besonderes, wenn wir sagen: »Es geht um die Wurst.« Bei volkstümlichen Spielen und Wettkämpfen gab es früher als Gewinn kein Preisgeld oder einen PS-starken Sportwagen, sondern Naturalien, oft in Form von Würsten. Für ärmere Menschen war das weit mehr als nur ein Zubrot.

Noch heute kann bei Kindergeburtstagen das »Wurstschnappen« viel Freude auslösen. In der Zeit unmittelbar nach dem Zweiten Weltkrieg wurden Fußballspieler der obersten Ligen mit Fleischprodukten belohnt. In Hamburg hatte der Schlachtersohn Karl Miller immer wieder Spitzenspieler zum FC St. Pauli locken können. Der spätere Bundestrainer Helmut Schön erinnerte sich einmal: »Von Karl Miller gab es eine Riesenwurst.« Bleiben wir noch kurz beim Fußball. Der Bundesligaspieler Oliver Kempf erklärte 2021 mit Blick auf die Tabellensituation seines Vereins VfB Stuttgart in einem Interview: »Es bringt nichts, wenn du nach oben guckst und am Wochenende spielst wie eine Bratwurst und 0:3 verlierst.« Da steht die Bratwurst wieder als Synonym für etwas Minderwertiges oder gar Schlechtes.

Nicht nur die unverbrüchliche Nachfrage der Verbraucher über Jahrhunderte hinweg belegt indes die ungeheure Beliebtheit der Bratwurst. Diese hat sich auch in manchen Sprichwörtern niedergeschlagen, wie etwa »Lange Bratwürste, kurze Predigt, lieben die Bauern am Kirchweihfest« oder »Wem's Bratwürste regnet, der darf nicht über Hunger klagen« – ein eingängiges Bild für Überfluss. Ein relativ kurzes Leben hat die Bratwurst in dem Grimm'schen Märchen »Von dem Mäuschen, Vögelchen und der Bratwurst«, weil sie in dieser Gesellschaftsparabel nach einem Rollentausch von einem Hund gefressen wird.

Nun haben wir die Bratwurst schon eingangs als die »Königin der Würste« bezeichnet. Doch bei allem edlen Erscheinen haftet ihr manchmal etwas Altmodisches, Minderwertiges, ein bisschen Unvermögen, ja auch Spießiges an. Natürlich hat das mit der langen Geschichte der Bratwurst und ihrer Alltäglichkeit zu tun. Und auch mit früheren »Panschereien« einzelner Erzeuger zum Wohle der eigenen Kasse. Das geflügelte Wort »Gott sieht alles, nur nicht, was in der Wurst ist« ist Ausdruck des vielleicht berechtigten Qualitätsvorbehalts vergangener Tage.

Die Bratwurst steht für Genuss, aber sie hat gelegentlich ein Imageproblem – weil man ihr nicht über den Weg traut, weil sie stets verfügbar (also ein Massenprodukt) ist und weil sie mit Kleinbürgersinn verbunden wird. Im Sommer 2022 hat diese diffuse und manchmal abfällige Bratwurst-Einschätzung Eingang in die deutschen Feuilletons gefunden. In einem Beitrag über die Zukunft der Bayreuther Festspiele hat die Wochenzeitung *Die Zeit* am »grünen Hügel« einen »bratwurstig-provinziellen Zauber« ausgemacht, der »den Wagnerschen Kunsternst erst so richtig leuchten« lasse.

Einige Monate zuvor hatte in der deutschen Sektion der internationalen Schriftsteller- und Autorenvereinigung PEN ein unerbittlich ausgetragener Streit getobt. Der erst im Jahr zuvor zum Präsidenten gekürte Journalist Deniz Yücel kritisierte die »Bratwursthaftigkeit« des PEN-Zentrums Deutschland. Auf der Jahrestagung 2022 der Vereinigung in Gotha trat Yücel nach einem noch nie dagewesenen öffentlichen Showdown nicht nur von seinem Amt zurück, sondern verließ auch gleich das PEN-Zentrum.

Der ganze Laden – immerhin eine bald seit hundert Jahren bestehende Vereinigung von Schriftstellern, Autoren und Intellektuellen – sei eine »Bratwurstbude«. Einige Wochen später gründete er den neuen Verein PEN Berlin mit, sicher ohne Bratwursthaftigkeit. Aber was meinte er damit? Vielleicht erinnerte ihn die Bratwurst an das sogenannte Altdeutsche, gepflegt und stilisiert im 19. Jahrhundert: bräsig, konventionell – butzenscheibenmäßig eben. Bratwurst als etwas für die Altvorderen und verknöcherten Honoratioren.

Die Bratwurst ist wohl eines der demokratischsten Lebensmittel, wenn diese Bezeichnung überhaupt zulässig sein sollte. Die Bratwurst ist für alle da.

Yücel hat dabei nicht zu Ende gedacht, denn fraglos ist die Bratwurst schon immer ein verbindendes Element bei jeder Grillparty und auch die manchmal dazugehörige Bude ein Ort der Begegnung und der Diversität. Also ist die Bratwurst längst weit entfernt von Biedermeierlichkeit und verstockter Langeweile. An der Bratwurstbude gibt es keine Standesunterschiede. Die Bratwurst ist wohl eines der demokratischsten Lebensmittel, wenn diese Bezeichnung überhaupt zulässig sein sollte. Die Bratwurst ist für alle da. Übrigens: Der PEN setzt sich für den Schutz und die Freiheit der Kultur ein.

Yücel verbindet mit der Bratwurst anscheinend eine gewisse Einstellung. Frage mich, was du isst, und ich sage dir, wer du bist. Wenn es so einfach wäre. Gerade bei der Bratwurst nicht. Sie hat Fans weltweit. Und in höchsten Kreisen. Vom deutschen Koch Stefan Pappert, Teil des »Royal Household in Windsor« und Küchenchef des Wembley Stadions, wissen wir, dass Königin Elizabeth II. besonders gern original Nürnberger Rostbratwürste aß – importiert von einem namhaften Hersteller in Nürnberg, am liebsten mit Laugensemmel und mariniertem Krautsalat serviert.

Wurstarten und ihre Herstellung

Bei der Herstellung von Würsten unterscheiden die Metzger drei verschiedene Arten: Roh- oder Dauerwürste, Brühwürste und Kochwürste. Dazu kommt noch Pökelware.

Für Rohwürste werden rohes Fleisch, Speck, Gewürze, Salz und Nitrat (Nitrit-Pökelsalz) mit Messern maschinell zerkleinert, miteinander vermischt und in Därme gefüllt. Je nachdem, wie fein das Brät ist, entsteht eine streichfähige Wurst wie Tee- oder Mettwurst oder eine schnittfeste wie Salami. Die Rohwürste reifen zwischen zehn Tagen und mehreren Monaten. Durch die Haut kann Wasser abgegeben werden, sodass die Würste auch schrumpfen können. Rohwürste werden frisch gegessen, getrocknet oder geräuchert, wie etwa Cervelatwurst oder Kabanossi. Das Räuchern war wichtig für die Haltbarkeit, solange es noch keine Kühlmöglichkeiten gab, es sorgt aber auch für ein besonderes Aroma.

Bei den Brühwürsten sind die Zutaten im Kern die gleichen wie bei den Rohwürsten, doch das Brät aus Schweine-, Kalb- oder Rindfleisch ist sehr viel feiner. Manchmal kommt noch Eis hinzu. Die rohe Masse wird in Kunst- oder Naturdärme gegeben und danach in heißem Wasser gebrüht. Das sorgt auch für Schnittfestigkeit. Die zahlreichen Variationen der Brühwurst ergeben sich aus der Auswahl der verschiedenen Fleischsorten und Gewürze. Brühwürste können auch geräuchert werden. Bekannte Vertreter der Brühwurst sind Mortadella, Bier- und Jagdwurst, Leberkäse, Wiener Würstchen, Lyoner, Bockwurst oder Weißwurst.

Bei den Kochwürsten werden neben den bisher bekannten Zutaten noch Blut und Innereien beigemengt, und bei der Herstellung kommt bereits erhitztes Fleisch zum Einsatz. Die so erzeugte Mischung wandert in Därme, Gläser oder Dosen. Durch erneutes Erhitzen bis zu 90 Grad wird die Kochwurst gegart und so besonders haltbar. Teilweise werden auch Kochwürste geräuchert. Zu den Kochwürsten gehören unter anderem Blutwurst, Leber- und Sulzwurst oder auch Corned Beef. In Deutschland hat es ein Protagonist zu einer gewissen Berühmtheit gebracht: der Pfälzer Saumagen – war er doch eines der Lieblingsgerichte des ehemaligen Bundeskanzlers Helmut Kohl.

Doch in welche Kategorie gehört die Bratwurst? Eine Festlegung fällt schwer. Je nach Herstellungsweise zählt sie zu den Roh- oder den Brühwürsten. Rohe Bratwürste müssen so schnell wie möglich verzehrt werden, gebrühte Würste sind länger haltbar; sie herrschen deshalb im Handel vor. Bratwurstliebhaber setzen aber ganz bewusst auf rohe Qualität. Nur wenige Bratwurstsorten gelten dagegen als Kochwürste. Hinzu kommt die Variante als geräucherte Bratwurst. In manchen Gegenden wird die Grillwurst als Synonym für Bratwurst gebraucht, was im engeren Sinne nicht stimmt, denn neben Bratwürsten lassen sich auch andere Würste auf den Grill legen.

Das Gros des bunten Bratwurstangebots ist lokal und traditionell geprägt. Wohl dem Metzger, der auf bewährte Familienrezepte bauen kann. Es zeugt von hoher Handwerkskunst, immer die richtige Mischung zu finden.

Das Prinzip der Bratwurstherstellung ist immer gleich: Man nehme eine Hülle (zum Beispiel einen Schweinedarm oder Schafsaitling oder auch eine essbare Kollagenhaut, die aber nicht von jedermann geschätzt wird), fülle sie mit entsehntem, gehacktem Fleisch und Speck, gebe unterschiedliche zusätzliche Ingredienzen (zum Beispiel Brot, Milch oder Eiswasser, aber auch gar nichts davon) hinzu und würze das Ganze mit Salz und vielem, also wirklich *vielem* anderen mehr. Deswegen herrscht in der einen Region als dominante Note der Majoran vor, in der anderen Kümmel, andernorts geben Salbei, Fenchel oder auch Paprika den Ton an. Sodann spielt das Verhältnis von verwendetem (magerem) Fleisch (aus möglicherweise unterschiedlichen Partien) eine Rolle. Die Güte wird bestimmt durch den Anteil an reinem mageren Muskelfleisch.

Der vielerorts dominierende Klassiker ist die Bratwurst aus Schweinefleisch. Es können auch andere Fleischsorten wie vom Rind oder Kalb vorherrschen oder die Schweine-Basis ergänzen. Das Fleisch wird gewolft, manchmal noch gekuttert. Je nach Zerkleinerungsgrad oder einer Beimischung eines feinen Bräts ergibt sich die Konsistenz: grob, mittelgrob oder fein. Auch exotische Bestandteile finden bisweilen Eingang in die Pelle. Wolfger Pöhlmann hat auf seinen Wurst-Exkursionen beispielsweise in Mecklenburg-Vorpommern eine Erdbeerbratwurst ausgemacht (»Mich kostete es etwas Überwindung, doch ich muss dem Metzger, dem es gelungen ist, diese beiden komplementären Komponenten zu verbinden, ein Lob aussprechen.«) In Bremerhaven entwickelte ein experimentierfreudiger Fischhändler sogar eine Fischbratwurst. Das Gros des bunten Bratwurstangebots ist lokal und traditionell geprägt. Wohl dem Metzger, der auf bewährte Familienrezepte bauen kann. Es zeugt von hoher Handwerkskunst, immer die richtige Mischung zu finden.

Wo gibt es die beste Bratwurst?

Am besten kauft man Bratwürste beim Metzger seines Vertrauens. Er kennt die Herkunft der verarbeiteten Tiere und weiß, wie sie gehalten wurden. Auf jeden Fall sollte einem die Qualität etwas wert sein. Das CMA-Gütezeichen (Centrale Marketing-Gesellschaft der deutschen Agrarwirtschaft), Auszeichnungen der DLG (Deutsche Landwirtschafts-Gesellschaft) oder auch bei lokalen und regionalen Wettbewerben prämierte Würste geben gute Hinweise.

Oft werden in Supermärkten und Discountern, zumal in der Grillsaison, »Grillwürste«, »Griller«, »Sommergriller« oder mit anderen blumigen Namen versehene Würste angeboten. Eine spezifische, noch dazu regional bestimmte Bratwurst ist damit aber nicht verbunden.

In der Regel verbirgt sich hinter der Grillwurst eine Bratwurst mit feinem Brät. Nicht selten stammen solche Produkte von Großherstellern. Grundsätzlich ist nichts gegen die industrielle Erzeugung von Bratwürsten zu sagen. Gleichwohl kann beim Einkauf der Blick auf das Etikett durchaus angeraten sein.

Überhaupt sind sich die Experten einig: Am besten schmeckt die Bratwurst, wenn sie morgens frisch gemacht ist und noch am selben Tag roh auf dem Grill oder in der Pfanne landet. Doch welche Bratwurst wirklich die beste ist – das entscheidet jeder selbst.

Nürnberger, Thüringer, St. Galler und Co.

Die Vielfalt der Bratwurst ist unüberschaubar, auch über nationale Grenzen hinweg. Die Bratwurst ist weltweit präsent. Ihre größte und differenzierteste Verbreitung lässt sich zweifelsohne in Deutschland, vornehmlich in Franken und Thüringen, ausmachen. Hier liegen die Hochburgen. Das vorherrschende und wichtigste Ausgangsprodukt ist Schweinefleisch. Dazu kommen manchmal Rind und Kalb. Die Mischung aus magerem und fettem Fleisch kann stark differieren – und den Unterschied ausmachen.

Metzger fertigen auch Varianten mit Lamm, Wild oder Geflügel. Die Konsistenz – grob, mittelgrob oder fein, eben grob gewolft, fein gekuttert oder gemischt –, Gewürze wie Salz, Pfeffer, Majoran, Kümmel, Curry sowie viele andere Zutaten wie etwa auch Ei, Wein oder Milch machen jede Bratwurst zu etwas Besonderem. Es gibt kurze, längere und sehr lange, dünne und dicke Exemplare mit ganz unterschiedlichem Gewicht. Das Brät lässt sich auch in Dosen verkaufen.

Die Textur prägt jede Bratwurst. Das Fleisch wird zunächst durch den Fleischwolf gedreht. Unterschiedlich große Öffnungen in den Lochscheiben sorgen für unterschiedlich großes Brät. Für feineres Brät wird das Fleisch noch gekuttert, also noch sehr viel feiner geschnitten. Bei diesem Vorgang wird Eis zugesetzt, damit das Eiweiß durch die Hitze beim Kuttern nicht gerinnt.

Durch diese verschiedenen Zubereitungsmethoden entstehen auch verschiedene Würste. Typisch grobe Bratwürste sind die Fränkischen, Pfälzer oder Hessischen. Die Thüringer wird als mittelfein oder mittelgrob bezeichnet. Die bekannteste Vertreterin der mittelgroben ist die Nürnberger Rostbratwurst. Feine Würste sind zum Beispiel die Rheinische (bei der auch Hühnerei verarbeitet wird) oder die Schlesische Bratwurst.

Nachfolgend haben wir einige der markantesten und berühmtesten Vertreterinnen ihrer Gattung aus dem In- und Ausland kurz beschrieben. Gelegentlich verlassen wir auch das Terrain der Bratwurst und blicken auf nahe Verwandte am Würstelstand. Dies können nur grobe Hinweise sein. Die allermeisten Würste werden nach dem Ort oder der Region ihrer Herkunft bezeichnet. Auch wenn es oft hervorstechende, selbst verbriefte Merkmale für den einen oder anderen (lokalen) Typus gibt, können schon wenige Kilometer weiter die Rezepturen wieder ein bisschen anders aussehen. So bleibt die Suche nach *der* Bratwurst eine einzigartige und unendliche lukullische Entdeckungsreise.

Die Fränkische Bratwurst ist der Oberbegriff für unzählige Varianten in ganz Franken. Es kommt auf eine ausgewogene Mischung aus rotem Fleisch (Magerfleisch) und weißem Fleisch (Speck) an.

Fränkische Bratwurst

Die Fränkische Bratwurst ist der Oberbegriff für unzählige Varianten in ganz Franken. Es kommt auf eine ausgewogene Mischung aus rotem Fleisch (Magerfleisch) und weißem Fleisch (Speck) an. Nach manchen Rezepturen wird auch Kalb- oder Rindfleisch zugegeben. In den »Leitsätze(n) für Fleisch und Fleischerzeugnisse« heißt es ganz nüchtern: »Ausgangsmaterial: grob entfettetes Schweinefleisch, fettgewebereiches Schweinefleisch; wenn Grundbrät verwendet wird, evtl. auch grob entsehntes Kalb- oder Rindfleisch. Besondere Merkmale: bis erbsengroße Körnung; nicht umgerötet; in der Regel in Schafsaitlingen oder Schweinedünndärmen; vielfach roh im Verkehr, dann zum umgehenden Verzehr im gebratenen oder gebrühten Zustand bestimmt.«

Dem folgen auch die Grobe Bratwurst, Schweinsbratwürstchen, Schweinswürstchen, Pfälzer Bratwurst, Hessische Bratwurst, Rostbratwurst, Treuchtlinger und Rheinische Bratwurst. Und dann kommen die Mischungen und die Gewürze ins Spiel. Das Ergebnis ist so verschieden wie irgend erdenklich. Der thüringische Bratwurst-Experte Uwe Keith liefert diese Definition: »Die Fränkische Bratwurst ist ein Sammelbegriff für meistens relativ dicke Bratwürste mittlerer Länge. Sie ist 10 bis 20 Zentimeter lang und hat 15 bis 20 mm Durchmesser. Ihr Inhalt ist oft relativ grob. Als Darmmaterial kommt der Bändel (Oberhaut des Schweinedünndarmes) zum Einsatz. Typisch ist die Majoranwürzung. Weitere klassische Gewürze für die Fränkische Bratwurst sind weißer Pfeffer, Piment und Muskat.« Aber auch davon kann es Abweichungen geben. Ach, wie ist die Vielfalt schön.

Gern werden die Ansbacher auch als »Blaue Zipfel« oder »Katzbrot« gegesssen.

Ansbacher Bratwurst

Die erste urkundliche Erwähnung der Ansbacher Bratwurst findet sich bereits im Jahr 1430 im Ansbacher Stadtbuch, als der Rat das Gewicht festlegte: »Drey protwurst sullen ein pfunt wegen.« Ganz offensichtlich hatte es damals in Ansbach – wie auch andernorts – Regelungsbedarf gegeben. Ende des 15. Jahrhunderts wurde die lokale Gesetzgebung dann um ein Reinheitsgebot erweitert: »Es sollen all wurst nit anders dann von schweinem fleisch gemacht werden.« Heute gehören in die Ansbacher nur gewolfte Schweineschulter und -bauch, abgebunden im Bändel. Neben Speisesalz, Pfeffer, Piment und Majoran hat jeder Metzger sein Hausgewürz.

Puristen essen die Ansbacher Bratwurst nie mit Kartoffelsalat, sondern nur mit Sauerkraut und Brot als Beilage. Auch Senf ist verpönt. Gern werden die Ansbacher auch als »Blaue Zipfel« oder »Katzbrot« gegesssen – die Bratwurstmasse auf einer Scheibe Schwarzbrot platziert, bekrönt von rohen Zwiebeln. Die Ansbacher hatte schon früh ihre besonderen Fans. Einer davon war der Komponist Max Reger (1873–1916). Er soll vor der Abreise in Ansbach immer einen Zug später genommen haben, um sich in der Bahnhofsgaststätte ein paar Bratwürste zu gönnen.

Bamberger Bratwurst

Die Bamberger Bratwurst weist je zur Hälfte eine feine und grobe Variante auf. 50 Prozent der Wurst bestehen aus gekuttertem Feinbrät, 50 Prozent aus einer grob gewolften Masse aus magerem und halbfettem Schweinefleisch. Manche Hersteller mischen auch zu gleichen Teilen Rind- und Schweinefleisch. Gewürzt wird sie mit Salz, weißem Pfeffer, Muskat, Zitrone und wenig Majoran. Sie wiegt etwa 100 Gramm bei einem Durchmesser von 22 Millimetern und einer Länge von 16 bis 18 Zentimetern. Wegen ihrer Beschaffenheit gilt sie als »mittelgrobe« Bratwurst, verkauft wird sie aber als »feine Bratwurst «.

Coburger Bratwurst

Auch die Coburger Bratwurst ist eine fränkische Bratwurst. Erstmals belegt ist sie auf einem Speisezettel des Coburger Georgenspitals von 1498. Die Coburger Bratwurst besteht aus fettreichem Schweinefleisch und mindestens 15 Prozent Rindfleisch. So legt es zumindest eine seit Jahrzehnten bestehende städtische Regelung nahe. In der Praxis wird ein Viertel Rind- oder Kalbfleisch beigemischt oder auch gar nichts von beidem. Sie ist grob gekörnt und mindestens 25 Zentimeter lang. Ihr unverwechselbares Äußeres ist der »Bändel« oder »Schleiß«, der Dünndarm des Schweins oder genauer: die ihn umgebende Fettschicht, die nach einem besonderen Verfahren abgezogen wird. Gewürzt wird mit Salz, Pfeffer, Muskat und Zitrone. Manche Metzger fügen heute auch einen gewissen Feinbrätanteil hinzu, damit die Wurst sich im Gaumen nicht zu bröselig anfühlt. Als Bindemittel wurden – früher mit Ausnahmegenehmigung – rohe Eier verwendet. Inzwischen ist pasteurisiertes Vollei Standard.

In Coburg scheinen seit jeher große Mengen Bratwürste verzehrt zu werden. Der Komponist Karl Friedrich Zelter schrieb dereinst an seinen Freund Johann Wolfgang von Goethe: »Seit heute früh 6 Uhr werden hier vor meinem Fenster, auf dem Platz, auf zehn verschiedenen Feuern, Würste gebraten; sollte dies Blatt danach duften, so weißt du, woher es kommt. Es sollen hier auf den zwei Markttagen jede Woche an die 10 000 Würste gebraten werden, das wäre auf jede Coburger Seele eine Wurst.«

Auf dem Rathausdach in Coburg steht seit Mitte des 17. Jahrhunderts der heilige Mauritius, der Stadtpatron. Die Coburger haben ihn seit langer Zeit zum »Bratwurstmännle« ernannt. Er wacht seit über 250 Jahren über die Coburger Bratwurst. In der Hand hält er einen Feldherrnstab (eigentlich eine Schriftrolle) – für die Coburger das Bratwurstmaß, so heißt es. Seit einer Vermessung in den 1980er-Jahren weiß man: Er ist 31 Zentimeter lang.

Traditionell wurden Coburger Bratwürste über der Glut von Kiefernzapfen (»Kühla«) gegrillt, was für ein besonderes Aroma sorgt. 2014 haben Lebensmittelkontrolleure bei drei sichergestellten Würsten festgestellt, dass sie zu viel (krebserregende) polyzyklische aromatische Wasserstoffe enthalten, ausgelöst von in die Glut tropfendem Fett und den sich daraus ergebenden chemischen Verbindungen. Man reduzierte danach unter anderem die Zahl der Zapfen, wechselte auf Holzkohlefeuerung und experimentierte mit schonenderen Grilltechniken. Gegessen wird die Coburger gerne in einem vertikal (!) aufgeschnittenen Brötchen.

Gummibärchen-Bratwurst vom Weltmeister

»Kreativbratwürste« gibt es da und dort, mal mehr, mal weniger. Die Metzgerei Freund im unterfränkischen Sommerkahl, nahe Aschaffenburg, nennt sich auch ganz selbstbewusst »Der Kreativmetzger«. Inhaber Matthias Freund war mehrmals beim Bratwurstgipfel in Pegnitz erfolgreich am Start. Nach der ersten Beteiligung nahm er sich vor, nach Möglichkeit wöchentlich eine neue Wurst zu kreieren.

Seit 8. Dezember 2018 steht er als Weltmeister im Guinness-Buch der Rekorde: Er verfügt über die größte Wurstauswahl aus eigener Herstellung weltweit. Allein 150 verschiedene Bratwurstvariationen hat er im Angebot. Dazu gehören unter anderem: Spaghetti-Bratwurst, Gyros-Bratwurst, Gin-Tonic-Bratwurst, Wildblüten-Honig-Bratwurst, Trüffel-Bratwurst, Schnitzel-Bratwurst, Aperol-Spritz-Bratwurst, Presskopf-Bratwurst, Bratapfel-Bratwurst.

Auch Gummibärchen-Bratwurst hat Matthias Freund schon hergestellt. Der Fleischwolf hat dabei zwei Mal den Geist aufgegeben. Eine Kundin aus den USA hatte es angeregt. Freunds Bratwurst-Fans kommen aus vielen Ecken Deutschlands, um seine exquisiten Bratwürste zu kaufen. Bei aller Lust für das Neue hat Matthias Freund aber auch festgestellt: Besonders beliebt ist in seinen Geschäften eine ganz traditionelle, richtig deftige Ansbacher Bratwurst.

Currybratwurst

Die Currybratwurst ist eine Brühwurst aus Schweinefleisch und Speck. Sie hat neben den typischen Bratwurstgewürzen auch dominierende Geschmacksnoten, die von Currypulver herrühren. Abgedreht in Schweinedärmen und mit einem Gewicht von rund 100 Gramm findet sie ihre Fans. Der Name kommt also vom bestimmenden Gewürz.

Deshalb sollte man sie nicht mit *der* Currywurst verwechseln, einer Institution in Deutschland, 800 Millionen Mal jährlich verkauft, auf der Hitliste der deutschen Kantinen dauerhaft auf Platz 1. Wobei ihre Basis auch eine meist vorgegarte Bratwurst mit oder ohne Darm sein kann. Die Currywurst ist – ohne Darmhülle – im Prinzip eine Wollwurst. Ihren Ursprung hat sie wohl Ende der 1940er-Jahre in Berlin. Naturdarm war in der Nachkriegszeit Mangelware.

Im klassischen Imbiss wird sie zunächst gebraten. Eine spezielle Tomatensauce samt Curry obendrauf gibt ihr den besonderen Kick. Uwe Timm hat in seiner 1993 erschienenen Novelle »Die Entdeckung der Currywurst« dem beliebten Snack literarische Flügel verliehen. In seiner Amtszeit als Kanzler ließ sich Gerhard Schröder einmal bei einem Besuch in Nürnberg eine Currywurst auf Basis von Nürnberger Bratwürsten servieren.

Hessische Bratwurst

Die Hessische Bratwurst ist vor allem in Nordhessen verbreitet. Die rund 140 Gramm schwere Wurst kommt der Thüringer sehr nahe, ist aber in der Struktur noch gröber. Für die Hessische Bratwurst wird entfettetes Schweinefleisch und fettgewebereiches Schweinefleisch erbsengroß gewolft und mit Pfeffer, Zwiebeln, Ingwer, Kardamom und Muskat gewürzt. Die Masse wandert in Schafsaitlinge oder Schweinedünndärme.

Kulmbacher Bratwurst

Die Kulmbacher Bratwurst ist sehr lang und dünn. Sie besteht aus sehr feinem Brät aus Kalbfleisch. Sie wird typischerweise als Imbiss in einem »Bratwurststollen« genannten, mit Anis gewürztem Brötchen gegessen. Die Kulmbacher Bratwürste heißen auch »Eingezwickte«, weil sie in das Brötchen geklemmt werden.

Hofer Bratwurst

Die Hofer Bratwurst ist eine extrafeine Bratwurst, etwa 100 Gramm schwer. Das Brät kommt in Schweinedärme mit einem Durchmesser von 18 bis 22 Millimetern. Es handelt sich um eine vergleichsweise lange, dünne und magere Bratwurst aus Schweinefleisch und einem geringen Anteil Rindfleisch, gewürzt mit Salz, Pfeffer, Muskat und Zitronenschale, dargereicht in der Regel in einem Brötchen.

Ein Markenzeichen der Stadt Hof ist seit dem 19. Jahrhundert der »Wärschtlamoo« (Würstchenmann). Er bietet heiße Würste aus einem an einem Riemen getragenen Kessel an, in dem Würste unter Wasserdampf, erhitzt von glühenden Kohlen, heiß gehalten werden. Erwärmt werden aber nicht Bratwürste, sondern Brühwürste wie Wiener Würstchen, Weißwürste oder würzige Debrecziner. Noch immer sind »Wärschtlamänner« in den Hofer Straßen unterwegs, auch wenn es längst feste Verkaufsstände gibt.

Münchner Schweinswurst

Natürlich ist die Bratwurst auch im Süden Bayerns vertreten. Man kauft beim Metzger jedoch eine Schweinswurst, in der Landeshauptstadt eine Münchner Schweinswurst oder Münchner Bratwurst, manchmal auch Oberbayerische Bratwurst oder kurz Schweinswürstel. Es handelt sich meist um eine kleine, mittelgrobe Bratwurst aus Schweinefleisch, Schweinebauch, aber auch aus Kalbfleisch sowie verschiedenen Gewürzen. Ihr Gewicht liegt bei 100 Gramm. Sie steht an ihrem Ursprungsort im heftigen Wettbewerb mit der Weißwurst.

Die deutsche Bratwurst in aller Welt

Heute finden sich Bratwürste nach deutschem Vorbild in der ganzen Welt. Vor allem deutsche Siedler haben in ihrer neuen Heimat in den USA ab Mitte des 19. Jahrhunderts ihre Wurstmacher-Traditionen weitergeführt. In der amerikanischen Stadt Sheboygan im Bundesstaat Wisconsin fand 1953 ein erstes Bratwurst-Fest statt – die Brat Days. Im Bundesstaat Ohio in der Stadt Bucyrus geht seit 1967 alljährlich das Bucyrus Bratwurst Festival über die Bühne. Die Geschichte der Stadt ist geprägt von deutschen Einwanderern.

In Australien finden sich in den Großstädten Sydney, Melbourne oder Perth auch beim Wurst- und Bratwurstangebot deutsche Einflüsse wieder. In Neuseeland kann man »Fritz's Wieners Bratwürste nach bayerischer Art« kaufen. In Shanghai bieten deutsche Spezialitätengeschäfte Bratwurst an. Seit 2001 werden in Vietnam südlich von Hanoi Thüringer Bratwürste hergestellt. Die Firma Duc Viet – »Duc« heißt »deutsch« und »viet« bedeutet »vietnamesisch« – ist ein Gemeinschaftsunternehmen des Erfurters Michael Campioni und des Vietnamesen Mai Huy Tan. Tan hatte zu DDR-Zeiten in Halle Wirtschaftsmathematik studiert. Das Unternehmen hatte schon nach zehn Jahren 250 Mitarbeiterinnen und Mitarbeiter beschäftigt. 100 Millionen Würste werden jährlich in Vietnam verbreitet. Meist werden sie aufgespießt gegrillt.

In Namibia stellt die Hartlief Factory in Windhoek seit 1946 (und inzwischen auch in einer Filiale im südafrikanischen Kapstadt) alle möglichen Würste nach deutscher Tradition her, darunter auch »Kasegriller« und »Nürnberger Bratwurst«. Gegen die Benennung kann nichts unternommen werden. Denn der g. g. A.-Schutz endet an den Grenzen der EU und der durch Staatsverträge angeschlossenen Länder. Der Süden Afrikas gehört nicht dazu. Aber wen stört's?

Die Bratwurst wird aber auch aus Deutschland in alle Welt exportiert. Ganz vorne dabei sind die großen Hersteller aus Nürnberg. Ein Produzent setzte beispielsweise im Jahr 2021 3526 Tonnen (oder knapp 168 Millionen Stück) Nürnberger Bratwürste ab, 18 Prozent davon nahezu in ganz Europa – von Schweden und England über Ungarn, Slowenien, Italien, Spanien und Portugal bis nach Malta und Zypern –, aber auch in Hongkong und anderen asiatischen Ländern.

Nürnberger Bratwurst oder Nürnberger Rostbratwurst

Nürnberg ist nach Wolfger Pöhlmann das Herz der fränkischen Wurstkultur. Die Rezeptur der Nürnberger Bratwürste ist im Innungsbuch der Fleischerinnung Nürnberg festgeschrieben und vom Nürnberger Stadtrat beschlossen. Mit einer Verordnung der EU-Kommission vom 15. Juli 2003 hat die Nürnberger Rostbratwurst das Gütesiegel einer »geschützten geografischen Angabe« (g.g.A.) erhalten. Mit dem Eintrag in das EU-Qualitätsregister stehen die »Nürnberger« beispielsweise auf einer Stufe mit dem Parmaschinken oder dem Grana Padano.

Eine Nürnberger Bratwurst darf demnach nur so genannt werden, wenn sie im Stadtgebiet hergestellt wird und sich an die vorgeschriebene Rezeptur hält. Danach wird die Wurst im engen Schafsaitling auf sieben bis neun Zentimeter abgedreht bei einem Durchmesser von eineinhalb Zentimetern. Sie wiegt im rohen Zustand 20 bis 25 Gramm. Damit ist sie die kleinste aller Bratwürste.

Das Ausgangsmaterial sind grob entfettetes Schweinefleisch, Salz, Pfeffer sowie feine Gewürze und Kräuter. Ganz typisch ist die Majoran-Würzung. Sie prägt auch die Optik der Wurst im rohen Zustand. Manche Metzger geben zudem noch eine Prise Piment, Macisblüte oder etwas Zitrone hinzu. Die Wurst weist eine mittelgrobe Körnung auf und ist nicht (mit Pökelsalz) umgerötet.

Mit dem Eintrag in das EU-Qualitätsregister stehen die »Nürnberger« beispielsweise auf einer Stufe mit dem Parmaschinken oder dem Grana Padano.

Die Nürnberger Bratwurst ist weltweit präsent. Sie wird in nahezu alle EU-Länder, nach Asien und in die USA exportiert. Der langjährige Vorsitzende des Schutzverbands Nürnberger Bratwürste, der ehemalige Stadtrechtsdirektor Hartmut Frommer, kam nach weltweiten Erhebungen schon 2007 zum Schluss: »Insbesondere bei der Globalisierung des Frühstückes scheint die British Sausage von der Nürnberger nach Längen geschlagen zu werden.« Pro Jahr werden rund 1,5 Milliarden Nürnberger Bratwürste hergestellt. 90 Prozent stammen von vier industriellen Herstellern. Bei einem bundesweiten Bratwurst-Vergleich der Stiftung Warentest 2014 landeten die Produkte zweier Nürnberger Großproduzenten auf Platz 2 und 3. Bei einem Test im Nachbarland Tschechien mit 18 Bratwürsten ging die Nürnberger als deutliche Siegerin hervor.

Man verzehrt die Nürnberger Bratwurst an der Imbissbude in Form von »Drei im Weggla« (Drei im Brötchen). Die Kleinheit hat Vorteile: Die Wurst ist schneller von allen Seiten durchgebraten und sie behält beim Grillen ihre Form (längere Würste neigen dazu, sich zu krümmen). Im Gasthaus bestellt man als Standardversion 6, 8, 10 oder 12 Stück, begleitet von Sauerkraut oder Kartoffelsalat sowie Senf und/oder Meerrettich. Es gibt beim Verzehr aber keine zahlenmäßige Obergrenze. Gerade an Verkaufsständen oder auf Volksfesten werden auch längere Bratwürste oft mit dem gleichen Brät, aber dann mit einem höheren Gewicht von 50 bis 60 Gramm angeboten. Sie tragen keinen spezifischen Namen, sind aber – auch wenn in Nürnberg hergestellt – keine »geschützten« Nürnberger Bratwürste. Von ihnen wird ein Paar in die Semmel gesteckt.

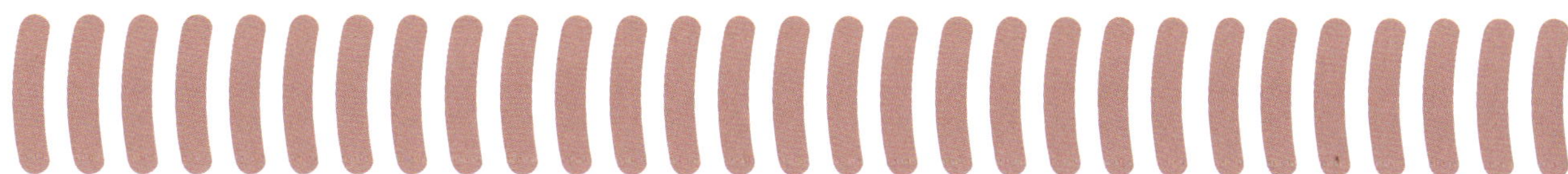

Bio-Bratwurst

Beim Essen und Genießen achten Verbraucherinnen und Verbraucher zu Recht immer mehr auf die Herkunft und Entstehungsgeschichte ihrer Lebensmittel. Das gilt auch beim Kauf der Bratwurst. Sie sind zwar deutlich in der Minderheit, doch es werden von Metzgern, aber auch in Supermärkten immer häufiger Bio-Bratwürste angeboten. Das Tierwohl, der Verzicht auf Pestizide bei der Futtermittelerzeugung, Fragen der Nachhaltigkeit, die Kreislaufwirtschaft in den bäuerlichen Betrieben spielen eine wichtige Rolle.

Im Einzelfall differieren die Kriterien, je nachdem, ob das Produkt mit den Mindest-Standards nach dem Bio-Siegel der Europäischen Union und dem identischen staatlichen deutschen Bio-Siegel oder nach den Richtlinien von Bioland, Naturland oder Demeter erzeugt wurde. Wem an den Details liegt, sollte sich bei seinem Bratwurst-Händler oder -Verkäufer informieren.

Im Jahr 2022 hat die Zeitschrift *Öko-Test* 19 Grillwürste in Deutschland genauer unter die Lupe genommen. Mit »sehr gut« landeten die beiden Bio-Würste »Alnatura Rostbratwürstchen« von Bioland und die »Edeka Bio Original Thüringer Rostbratwurst« auf Platz 1. Der Anteil an Bio-Bratwürsten an der Gesamtproduktion ist insgesamt noch gering, aber nicht zu unterschätzen. Ein großer Nürnberger Akteur produziert zum Beispiel jährlich 300 Millionen Nürnberger Rostbratwürste – sieben Prozent davon (oder 21 Millionen Stück) in Bio-Qualität.

Oberpfälzer Bauernseufzer

Die dunkel geräucherte, haltbare Schweinsbratwurst ist 15 bis 20 Zentimeter lang und etwa 125 Gramm schwer. Mageres Schweinefleisch, Schwarte, Salz, Pfeffer, Zucker, Majoran und je nach Gegend Kümmel, Muskat oder Zwiebelpulver gehören zu ihrem Inneren. Durch das Räuchern lassen sich die Würste länger aufbewahren. Allerdings wird die Wurst aufgrund von Trockenschwund schnell strohig. Am besten schmecken die Bratwürste, wenn sie direkt aus dem Rauch genommen und dann roh gegessen werden. Die Würstchen können kalt oder erwärmt (10 bis 15 Minuten im 80 Grad heißen Wasser) verspeist werden.

Zur Entstehung des Namens »Bauernseufzer« gibt es zwei Geschichten: Vor ungefähr 100 Jahren war die Bratwurst für die ländliche Bevölkerung ein besonderes Festessen. Insbesondere das *gute* Fleisch wurde sofort nach der Schlachtung zu Würsten verarbeitet. Diese wurden geräuchert und in der Speisekammer aufbewahrt. Wenn Besuch kam, musste der Gastgeber von diesen Würsten servieren, was manchen Landwirt zu schweren Seufzern veranlasst haben soll. Gemäß der zweiten Variante soll die Bezeichnung auf die Seufzer der Bauern anspielen, die allzu gerne über schlechtes Wetter und zu niedrige Erträge klagten.

Pfälzer Bratwurst

Die Pfälzer Bratwurst ist eine sehr grobe Bratwurst. Sie besteht ausschließlich aus Schweinefleisch (Schulter, Bauch und/oder Rückenspeck). Das Fleisch wird grob gewolft und mit Salz, weißem Pfeffer, Knoblauch und Muskatnuss gewürzt. Manche Fleischer geben auch Mineralwasser mit Kohlensäure für eine bessere Bindung hinzu. Abgedreht in Naturdärmen mit einem Durchmesser von rund 2,5 bis 3 Zentimetern und etwa 15 Zentimetern Länge kommt sie auf ein Gewicht von 100 bis 120 Gramm.

Regensburger Bratwürstl

Die Regensburger Bratwürstl – die Verkleinerungsform deutet bereits auf ihre Größe hin – erlangten in jüngerer Zeit einige Berühmtheit, als sich die »Wurstkuchl« nahe der Steinernen Brücke in der oberpfälzischen Bezirkshauptstadt mit der »Historischen Bratwurstküche zum Gulden Stern« in Nürnberg einen Streit um den Titel der »ältesten Bratwurststube der Welt« lieferte (siehe Seite 69). Die Regensburger Würstl ähneln optisch den Nürnbergern, sind jedoch ausschließlich aus reinem Schweine-Hinterschinken gemacht. Dazu wird traditionell süßer Senf gereicht (was es zum Beispiel in Nürnberg nie gäbe). Zum Wurstkuchl-Senf gehört auch etwas Meerrettich.

Schlesische Bratwurst

Die Schlesische Bratwurst hat es früher nur in der Weihnachtswoche gegeben. Wo sie heute noch hergestellt wird, haben die Metzger sie mittlerweile auch schon in der Adventszeit im Angebot. Die Schlesische Bratwurst ist eine sehr feine, blasse Wurst. Der Jahreszeit ihrer Herstellung entsprechend würzt man sie neben Salz und Pfeffer nicht selten noch mit weihnachtlichen Gewürzen wie Zimt, Nelken, Piment, aber auch Koriander, Ingwer, Petersilie, Zitrone und Kardamom. Es gibt auch Varianten mit Weißwein.

Verwendet werden Kalbfleisch und Schweinespeck. Oft wird das Kalb durch günstigeres Schweinefleisch ersetzt. Fleisch und Speck werden sehr fein gekuttert. Der Berliner Metzger Otmar Ullrich sorgt bei seinen heiß begehrten Schlesischen Bratwürsten noch für eine Besonderheit: Er kuttert seine Würste mit gefrorener Milch. Anschließend wird die Schlesische Bratwurst im Schweinedünndarm abgefüllt. Zur besseren Haltbarkeit kann die Wurst auch abgebrüht werden. Die Schlesische Bratwurst ist nicht zu verwechseln mit der Schlesischen Landbratwurst (oder Schlesischen Landwurst oder Kielbassa). Bei ihr handelt es sich um eine kalt geräucherte Rohwurst.

Stabenwurst

Die Stabenwurst ist eine feine Rostbratwurst aus der Gegend um Nördlingen. Sie wird aus entfettetem Schweinefleisch, Jungrindfleisch, Schweinebacken, Speck, Salz, Gewürzen und etwas Zitrone hergestellt und im Schafsdarm abgedreht. Sie ist entsprechend dünn und rund 25 Zentimeter lang.

Der Name geht auf das Stabenfest zurück, ein Kinderfest im Mai, das bis auf das Jahr 1406 zurückführt und damit eines der ältesten Kinderfeste in Deutschland ist. Der »Staben« (für: Stecken) ist als Begriff seit 1690 belegt. Der Wortteil Staben bezeichnet mit Blumen geschmückte Stäbe, die von Kindern bei einem Umzug durch die Stadt getragen werden. Stabenwürste werden auch zur Nördlinger Pfingstmesse angeboten, meist als Messwürste bezeichnet. In Nördlingen sind sie das ganze Jahr über zu haben, dann auch einfach Grillwürste genannt. Stabenwürste werden roh gegrillt.

Der Deutschen (fast) liebste Wurst

Nach Erkenntnissen des Deutschen Fleischer-Verbands verzehren die Deutschen pro Kopf alljährlich 25,6 Kilogramm Wurst und weitere Fleischprodukte, etwa Brühwurst, Rohwurst, Schinken oder Aufschnitt. Im Jahrbuch 2021 der Branchen-Organisation heißt es: »Die deutlichste längerfristige Veränderung ist bei der Bratwurst zu beobachten, deren Anteil an den Einkaufsmengen sich von 4,1 Prozent im Jahr 1985 auf 9,7 Prozent im letzten Jahr mehr als verdoppelt hat. Bei der Bratwurst dürfte der Außer-Haus-Verzehr unter normalen Umständen (ohne Corona-Pandemie, d. Verf.) die Haushaltseinkäufe noch bei weitem toppen. Auf Volksfesten gegrillt, beim Imbiss oder in Kantinen nimmt die Bratwurst eine Spitzenposition ein.«

Wie das Marktforschungsinstitut GfK ermittelt hat, haben die deutschen Haushalte im Jahr 2021 135.000 Tonnen Bratwürste eingekauft. Nach einer Veröffentlichung der *Deutschen Welle* rangiert die Currywurst nach wie vor auf Platz 1 der beliebtesten Würste, dicht gefolgt von der Bratwurst. Für viele ist die Bratwurst *die* Wurst schlechthin. Auf Platz 3 rangiert die Nürnberger Rostbratwurst vor Weißwurst, Blutwurst, Landjäger, Mettwurst, Leberwurst, Teewurst und Salami.

Sulzfelder Meterbratwurst

Hinter der Sulzfelder oder auch Mainfränkischen Meterbratwurst verbirgt sich vor allem eine mehr oder weniger spontane Marketingmaßnahme. Hungrige Würzburger Kanuten waren 1952 nach vorheriger sportlicher Betätigung auf dem Main bei einem Besuch im *Gasthaus Zum Löwen* in Sulzfeld mit der Verköstigung rundum zufrieden. Einer der Gäste des Metzgermeisters und Wirts Lorenz Stark soll nach dem sehr erfreulichen Bratwurst- und Weingenuss gesagt haben: »Die Wurscht könnt' ich meterweis ess!«

Schon eine halbe Stunde später soll Stark die erste Meterwurst hergestellt und serviert haben. Die Wurst ist 10 bis 15 Millimeter dünn – aber eben ordentlich lang. Deshalb wird sie in Schneckenform auf dem Teller serviert. Man bestellt einen halben oder auch ganzen Meter. Die Sulzfelder Wurst besteht aus magerem Schweinefleisch, Speck, Salz und Gewürzen, ist aber weniger kräftig gewürzt als in anderen Gegenden. Über die Sulzfelder Meterbratwurst berichteten Zeitungen, der *Playboy* oder auch die *New York Times*. Der Sohn des »Erfinders« dieser Bratwurst hat 2003 in einem Interview sehr bedauert, dass sein Vater seine Kreation nicht hat patentieren lassen.

Sind Bratwürste gläubig?

In Franken wird manchmal zwischen »katholischen« und »evangelischen« Bratwürsten unterschieden. Feine bis mittelgrobe Bratwürste stammen oft aus Regionen mit römisch-katholischer Prägung, während grobe Bratwürste eher in evangelischen Gebieten üblich sind. Niemand weiß genau, woher diese Unterschiede kommen. Manche Historiker vermuten, die grobe »evangelische« Bratwurst habe mit evangelischem Puritanismus zu tun, weil sehr fein gehacktes Fleisch für Luxus gehalten wurde. Vielleicht gab es auch finanzielle Gründe. Als im 19. Jahrhundert die ersten Kutter in den Metzgereien Einzug hielten, war es damit möglich, viel feineres Brät herzustellen. Diese Maschinen kosteten Geld, und der Prozess war aufwendiger, was sich angeblich die Metzger in den traditionell wohlhabenderen Gegenden eher leisten konnten. Und die Kunden waren auch in der Lage, einen höheren Preis zu bezahlen.

Thüringer Rostbratwurst

Die Thüringer Rostbratwurst kann auf eine jahrhundertelange Tradition verweisen: 1404 wurde sie das erste Mal schriftlich erwähnt, 1669 hat sie Hans Jakob Christoffel von Grimmelshausen in seinem barocken Roman *Der abenteuerliche Simplicissimus Teutsch* lobend erwähnt. Im Thüringisch-Erfurterischen Kochbuch von 1797 sind die wichtigsten Zutaten der Thüringer Bratwurst genau aufgelistet. Neben Schweinefleisch (Schweinebacken ohne Schwarte) beinhaltet sie auch Schweinefett, Salz, Pfeffer, Zitronenschale und Kardamom. Heute kann die Thüringer Rostbratwurst – in Ostthüringen auch Roster genannt – neben grob entfettetem Schweinefleisch zudem entsehntes Kalb- oder Rindfleisch enthalten.

Nach einer Veröffentlichung im Amtsblatt der Europäischen Union vom 15. Mai 2002 ist sie mindestens 15 bis 20 Zentimeter lang bei einem Gewicht zwischen 100 und 150 Gramm. Sie wird roh oder gebrüht angeboten. Die mittelfeine Rostbratwurst steckt im engen Naturdarm (Schweinedarm oder Schafsaitling). Mindestens 51 Prozent der verwendeten Rohstoffe müssen aus der Region Thüringen stammen. Uwe Keith, Vorsitzender des Vereins Freunde der Thüringer Bratwurst, sagt: »*Die* Thüringer Bratwurst gibt es nicht.« Zu groß sind die Unterschiede von Fleischerei zu Fleischerei, zumal wenn es um die Würzung geht. Neben Salz und Pfeffer als Basis wird in Nordthüringen besonders Majoran verwendet, im Osten herrscht Kümmel vor, in Mittelthüringen dominiert der Knoblauch, im Süden kommen nur Salz und Pfeffer ins Brät. Eine ausgewogene Variante mit Kümmel, Majoran und Knoblauch wird in der Erfurter Gegend produziert.

24 große und rund 200 handwerkliche Betriebe pflegen die Vielfalt der Thüringer Rostbratwurst. Nach der g.g.A.-Klassifikation durch die EU im Jahr 2003 hat sich die Produktion verdreifacht. Die Thüringer Rostbratwurst ist in ganz Europa zu kaufen, auf Mallorca genauso wie in osteuropäischen Ländern. 420 Millionen Stück werden jährlich produziert (Stand 2018). Bei einer angenommenen Länge von 20 Zentimetern pro Stück ergäbe das aneinandergereiht 84.000 Kilometer Wurst, was – wenn diese beliebte Spielerei erlaubt sei – dem 2,1-fachen Erdumfang entspricht. Die Thüringer, so Experte Keith, bestehen im Übrigen darauf, dass »ihre« Wurst nur über Holzkohle gegrillt wird.

Weinbratwurst

Zur Verfeinerung der Bratwurst wird in manchen Regionen, zumal Weingegenden, bei der Herstellung auch gerne Wein verarbeitet. Im Raum um das unterfränkische Schweinfurt existieren seit über hundert Jahren Rezepte für die Weinbratwurst. In Würzburg hat der damalige Oberbürgermeister Klaus Zeitler in den 1980er-Jahren einen eigenen Wettbewerb für eine original Würzburger Bratwurst ins Leben gerufen. Seither erfreut sich die siegreiche Würzburger Bratwurst oder auch Winzerbratwurst großer Beliebtheit. Sie entspricht in etwa der Thüringer Bratwurst, ist 15 bis 20 Zentimeter lang, etwa 15 Millimeter dick und mit weißem Frankenwein, in der Regel Silvaner, abgeschmeckt. Die gebratene Wurst wird an Imbissständen oder in Metzgereien in ein längliches Weizenbrötchen geknickt gelegt. Deshalb bestellen Einheimische einfach eine »Geknickte«.

Die gebratene Wurst wird an Imbissständen oder in Metzgereien in ein längliches Weizenbrötchen geknickt gelegt. Deshalb bestellen Einheimische einfach eine »Geknickte«.

Bekannt ist auch die böhmische Weinbratwurst, eine Brühwurst aus Schweinefleisch, Speck und Schweinebacke. Die Masse wird auch mit Weißwein gewürzt. Ihre Tradition haben nach 1945 Sudetendeutsche nach der Vertreibung in ihre neue Heimat mitgebracht. Es werden mancherorts auch Bierbratwürste hergestellt. Doch das Bieraroma ist oft nur schwer auszumachen.

Westfälische Bratwurst

Die Westfälische oder auch Rheinische Bratwurst ist eine dünne Variante ihrer Spezies mit feinem Brät und heller Farbe. Sie wird vorwiegend aus Schweinefleisch hergestellt. Das Brät der Westfälischen Bratwurst wird in Naturschafsdärme abgefüllt und dann gebrüht. Sie ist im Ruhrgebiet häufig Basis für die Currywurst, aber auch sehr beliebt als Grillwurst.

Wollwurst

Die Wollwurst – auch Bayerische Geschwollene, Bayerische Wollwurst, Münchner Geschwollene, Geschwollene, Geschlagene, Nackerte oder Oberländer genannt – besteht aus einem üblichen feinen Bratwurst-Grundbrät. Sie wird aber auch auf der Basis von Kalb- oder Jungrindfleisch gemacht. Dann sehen manche in ihr sogar eine Verwandte zur Weißwurst, auch wenn keine Petersilie verwendet wird. Das Besondere ist, dass die Wollwurst nicht in einem Darm abgefüllt, sondern mit einem Beutel portionsweise direkt in einen Kessel mit heißem Wasser gespritzt wird. So bekommen die Würste ihre Form. Und sie erhalten eine weiche, »wollige« Oberfläche. Nach dem Garen müssen sie in kaltem Wasser gekühlt werden.

Angeblich ist die Wollwurst der Nachlässigkeit eines bayerischen Metzgers zu verdanken, der bei der Wurstherstellung feststellen musste, dass er keine Därme mehr hatte. Kurzerhand konservierte er seine Würste durch das Spritzen der Masse in siedendes Wasser. In Baden-Württemberg bekamen die Wollwürste ihren Namen als »Geschwollene« durch die Zubereitung, da sie vor dem Servieren in Milch getaucht und danach in der Pfanne goldbraun gebraten werden. Bei dem Prozess schwellen sie auf.

Jenseits von Deutschland

Boerewors

In Südafrika ist die Boerewors als frische grobe Grillwurst aus Rind bekannt. Es können aber auch andere Fleischsorten verarbeitet werden. Typische Gewürze sind Muskatnuss, Nelken, Koriander, Piment und Essig. Oft wird die Wurst in Schneckenform angeboten. Dazu serviert man Maismehlbrei.

Braadworst

In Belgien und den Niederlanden kennt man die Braadworst als typische Grill- und Bratwurst, die aber auch als Eintopf mit gestampften Kartoffeln und Gemüse zubereitet wird, begleitet von Mayonnaise oder Senf.

Chorizo Argentino

In Argentinien verbindet man mit Chorizo jede Art von roher, grober Schweins- oder Rindswurst. Die Geschmacksvielfalt von mild, aromatisch bis scharf kennt keine Grenzen. Häufige Darreichungsform: im Brötchen (choripan).

Chorizo und Chouriço

Die spanische Chorizo und die portugiesische Chouriço sind würzige, feste und grobkörnige Rohwürste vom Schwein.

Knoblauch gehört dazu, Paprika sorgt für die rote Farbe und trägt auch zum besonderen Geschmack bei. Der Paprikaanteil ist doppelt so hoch wie bei der ungarischen Kolbász. Die spanische Chorizo hat auch mehr Paprika als die portugiesische Chouriço.

Die Chorizo gibt man gerne in Eintöpfe, sie wird aber auch als Aufschnitt gereicht. Sie wird roh, gegrillt, gebraten oder geräuchert gegessen. In Deutschland kennt man in Anlehnung an die Chorizo die Spanische Rote Bratwurst, auch Paprika-Bratwurst genannt, die Stuttgarter Bratwurst oder die Süddeutsche (Rote) Bratwurst.

Die Chorizo gibt man gerne in Eintöpfe, sie wird aber auch als Aufschnitt gereicht.

Cumberland Sausage

Die Cumberland Sausage ist in der englischen Grafschaft Cumberland seit rund 500 Jahren bekannt. Im 16. Jahrhundert sollen sie deutsche Bergleute eingeführt haben. Es handelt sich um eine rohe Bratwurst aus Schweinefleisch. Cumberland Sausage ist seit 2011 als »Traditional Cumberland Sausage« EU-weit als geschützte Ursprungsbezeichnung klassifiziert. Im 18. Jahrhundert landeten im Hafen Whitehaven viele exotische Gewürze aus aller Herren Länder an – ein Vorteil für die Cumberland Sausage, die nicht nur mit Thymian oder Salbei, sondern auch mit Muskatnuss, Macis und Cayennepfeffer gewürzt wird. Cumberland Sausages werden nicht aufgeteilt, sondern schneckenförmig aufgerollt. Gegrillte Cumberland Sausages serviert man gerne mit Spiegelei, Pommes frites, Erbsen oder auch mit Kartoffelbrei.

Elsässer Bratwurst

Die Elsässer Bratwurst besteht aus einem Grundbrät mit der besonderen Komponente von geriebenen Zwiebeln, die unter das Wurstgut gemengt werden. Sie wird in Schweinedärme mit einem Durchmesser von 28 bis 32 Millimetern gefüllt.

Kiełbasa biała und Kolbász

Die Kiełbasa biała ist in Polen eine rohe Wurst aus Schweinefleisch, gemischt mit Kalb oder Rind, gewürzt mit Pfeffer, Knoblauch und Majoran. In ihrem Herkunftsland wird sie vor allem zu Ostern kredenzt, gerne mit Sauerkraut und Kartoffeln, aber auch als Suppeneinlage. Nicht weit entfernt ist die ungarische Kolbász. Edelsüßer Paprika sorgt für die besondere Note. Die Rohwurst kann gut zum Grillen und Braten verwendet werden. Besonders bekannt ist sie als Dauerwurst nach Räuchern oder Lufttrocknung und mehrtägiger Reifung.

Licolnshire Sausage

Die Lincolnshire Sausage ist eine reine Schweinswurst mit mindestens 70 Prozent grob gehacktem Schweinefleisch und Brot, Semmelbröseln oder Zwieback sowie Salz, Pfeffer und Salbei, der dominiert.

Sie ist vor allem im County Lincoln shire zu Hause, wird aber in ganz England produziert. Die Masse wird in Schweine- oder Schafsdärmen abgefüllt. Die Lincolnshire-Würste werden roh gegrillt oder gebraten und gebrüht als Frühstückswürstchen angeboten.

Loukaniko

Mit Loukaniko werden in Griechenland Bratwürste aller Art aus Schweinefleisch bezeichnet, von denen es in allen Regionen zahlreiche Varianten gibt. Oft wird dem Schweinefleisch noch Lammfleisch beigemischt. Das Fleisch wird mittelgrob gewolft und mit Salz, Pfeffer und je nach Rezept mit Knoblauch, Thymian, wildem Fenchel, Koriander, Oregano, Orangenschalen oder angeschwitztem Lauch, manchmal auch mit Weiß- oder Rotwein oder Essig gewürzt. Die Loukaniko kam im 4. Jahrhundert mit römischen Legionären, Händlern und Sklaven aus der süditalienischen Region Lukania (heute: Basilikata) nach Griechenland. Und aus der Lucanica wurde die Loukaniko.

Die Loukaniko kam im 4. Jahrhundert mit römischen Legionären, Händlern und Sklaven aus der süditalienischen Region Lukania nach Griechenland. Und aus der Lucanica wurde die Loukaniko.

Luganega

In ganz Italien, besonders aber im Nordosten des Landes, ist die Luganega verbreitet. Spiralförmig gewickelt, wird sie nach Länge verkauft. Es gibt zahlreiche Varianten, etwa mit Nelken, Zimt, Kräutern, Zitrusfrüchten, mit Wein, aber auch geräuchert. Sie lässt sich grillen und braten, in Schmorgerichten oder in der Pasta einsetzen.

Merguez

Zunehmend beliebt bei Bratwurst-Liebhabern ist auch hierzulande die Merguez. Die scharf gewürzte Bratwurst entstammt der maghrebinischen Küche. Ehemals nur aus Lammfleisch bestehend, wird heute oft Lamm- und Rindfleisch gemischt. Typische Gewürze sind Kreuzkümmel, Paprika, Knoblauch, Harissa und Pfeffer. Die Wurst kam in der Nachkriegszeit Mitte des 20. Jahrhunderts mit den Zuwanderern aus Nordafrika über Frankreich nach Europa. Der Name Merguez ist eine französische Entlehnung des arabischen mirqāz und hat so auch ins Deutsche Eingang gefunden. Das ursprünglich arabische Wort bedeutet nichts anderes als »Würstchen«, wobei die Verkleinerungsform nicht der Realität entsprechen muss.

Norfolk Sausage

Die Norfolk Sausage enthält nur erstklassige Partien vom Schwein. Die Masse kommt samt einer individuellen Gewürzmischung in einen Schweinedarm. Die besten Norfolk-Wurstproduzenten züchten und verwenden ihr eigenes Schweinefleisch als Ausgangsprodukt oder beziehen es von lokalen Norfolk-Bauern. Die Metzger können auch Wurstspezialitäten mit Rare Breed-Fleisch zubereiten, also Fleisch von seltenen Rassen. Das Fleisch von Schweinen aus Freilandhaltung, die in Wäldern aufgezogen werden, hat einen unverwechselbaren Geschmack, der von Kennern geschätzt wird.

Warum grillen fast immer nur Männer?

Ist die Bratwurst männlich? Diese Frage ist natürlich ein Widerspruch in sich. Schließlich handelt es sich um *die* Bratwurst. Der fränkische Bratwurst-Experte Heinrich Höllerl hat mit seinem Buch *Die Bratwurst ist eine Fränkin* sogar noch ein regionalspezifisches Ausrufezeichen gesetzt. Ist es aber Zufall, dass in der Stadt Pegnitz seit 2011 immer ein Bratwurstkönig und keine -königin für die beste Bratwurst gekürt wird?

Wie Anna Dünnebier und Gert von Pazcensky in ihrer *Kulturgeschichte des Essens und Trinkens* beschreiben, ist zumindest Fleisch seit Tausenden von Jahren Männersache, Männer waren auch dafür zuständig, es zuzubereiten. »Überall auf der Welt war die Meinung verbreitet, dass Fleisch eine besonders männliche Nahrung sei, die denjenigen, der sie isst, wild und männlich mache«, so das Autorenduo.

Diese Auffassung hat sich sehr lange gehalten. Wir erinnern uns an noch nicht so lang vergangene Zeiten im aufstrebenden Nachkriegsdeutschland, als beim sonntäglichen Mittagstisch dem männlichen Familienoberhaupt und sogenannten Ernährer selbstverständlich das größte Stück vom Braten aufgetischt wurde, während sich die Ehefrau, die seit dem Morgen in der Küche stand, und die Kinder mit erheblich kleineren Teilen begnügen durften.

Doch wie ist es zu erklären, dass sich nahezu ausnahmslos Männer, gerade auch solche, die sich sonst eher von der Zubereitung von Speisen oder niederer Küchenarbeit fernhalten, bei Familienfesten zu Grillexperten entwickeln? Sie stehen im Schrebergarten oder auf der Terrasse des Eigenheims genauso wie an irgendeiner Flussaue mit Leidenschaft an einfachen Grills aus dem Baumarkt oder vor sündhaft teuren Edelmarken, um das Grillgut zu bearbeiten. Oft sind sie nicht allein. Weitere Männer scharen sich um den Grillmeister. Eine verschworene, nicht selten mit einem Bier in der Hand ausgestattete Gemeinschaft beobachtet sachverständig das brutzelnde Werk. Man weiß um die große Aufgabe.

Dass die eine oder andere Wurst am Ende manchmal einen hohen Verkohlungsgrad aufweist, wird mit dem lapidaren Hinweis abgetan, dass das »so gehört«. Wer auch immer diese Regel aufgestellt haben mag – der Raum für eine kritische Würdigung des Grillresultats ist oft sehr überschaubar. Stattdessen muss man axiomatisch feststellen: Männern liegt Grillen im Blut. Und vielleicht ist historisch sogar etwas dran. Seit rund einer Million Jahren können die Menschen mit Feuer umgehen. Und seit rund 100.000 Jahren wird Fleisch über Hitze zubereitet. Männer brachten von der Jagd das erlegte Tier zur heimischen Feuerstelle, um es dort zu braten.

Sigmund Freud hat in seinem Werk *Das Unbehagen in der Kultur* eine originelle Analyse der Nähe des Mannes zum Feuer geliefert. Danach habe der Mann bei der zwanghaften Kontrolle über das Feuer irgendwann dem Drang widerstanden, jede Flamme auspinkeln zu wollen. »Die Urmenschen sollen ›in der züngelnden, sich in die Höhe reckenden Flamme‹ eine Art Phallus gesehen haben. Konkurrenz! Gefahr!«, schreibt Julia Rothhaas. Nun machen wir uns aber besser keine weiteren Gedanken über die Form der Bratwurst und was sie in unserem Es, Ich und Über-Ich sonst noch auslösen könnte.

Es gibt auch andere, aktuellere Deutungen. Die Autorin Merle Sievers sagt zum Beispiel: »Grillen ist eine archaische Angelegenheit. Männer klammern sich an ihre Grillzange, weil Frauen in so vielen Lebensbereichen bereits das Zepter an sich gerissen haben.« Der Kulturwissenschaftler Gunther Hirschfelder folgert: »Für den Mann ist das Grillen eine Art postmoderner Reflex. Im Zuge der Emanzipation der Frau hat er evolutionäre Rechte eingebüßt. Machtverlust bedeutet immer auch ein Trauma. Im Grillen hat der Mann ein Refugium.«

»Grillen ist eine archaische Angelegenheit. Männer klammern sich an ihre Grillzange, weil Frauen in so vielen Lebensbereichen bereits das Zepter an sich gerissen haben.«

Österreichische Bratwürste

Bratwürste sind in ganz Österreich verbreitet mit allen möglichen regionalen Unterschieden in Bezug auf Gewicht, Länge, Würzung, Zusammensetzung, Schnittbild und verwendete Därme (vom Schwein, Schafsaitlinge oder essbare Kollagendärme). Früher wurden sie sehr häufig roh angeboten, inzwischen werden sie wegen der Vermarktungswege meist gebrüht. Außer Salz und Pfeffer können Muskat, Majoran, Kümmel oder Zitrone Gewürzbestandteile sein. In Oberösterreich wird der erste Adventssonntag auch Bratwürstelsonntag genannt, weil meist zu Mittag Bratwürstel mit Sauerkraut gegessen werden.

Würstelstände spielen in Österreich, besonders in der Hauptstadt, eine wichtige Rolle. 300 soll es allein in Wien geben. Neben den Wiener Würstchen, die in Wien Frankfurter heißen, sind meist Klobassen und Käsekrainer vertreten. Die Klobasse (oder Burenwurst) ist eine grobe Brühwurst. Sie wird gesotten, nie gebraten oder gegrillt. Anders verhält es sich mit der Käsekrainer, einer Brühwurst mit grobem Brät aus Schweinefleisch und einem Anteil von 10 bis 20 Prozent Käse. Sie kann gekocht, gebraten oder gegrillt werden. In Wien werden die Würste wegen des auslaufenden Käses auch als »Eitrige« bezeichnet.

Es gibt außerdem eine Variante namens Berner Würstel. Sie ähneln den Wienern oder Frankfurtern, haben aber ebenfalls einen Käseanteil. Der Käse kann bereits ins Brät kommen. Es gibt auch Zubereitungen, nach denen das Würstel aufgeschnitten und mit Käse, meist Emmentaler, gefüllt wird. Berner Würstel stammen allerdings nicht aus der Schweiz, sondern sind nach dem Koch Erich Berner aus Zell am See in Österreich benannt, der sie in den 1950er-Jahren für seine Gäste erfunden hat.

Salsiccia

Im Italienischen bezeichnet das Wort »Salsiccia« zunächst jede Art von Wurst. Die *salsiccia di fegato* ist zum Beispiel eine Leberwurst, die *salsiccia di maiale* eine Schweinswurst. Im engeren Sinn versteht man jedoch unter einer italienischen Salsiccia eine rohe Wurst, die der deutschen groben Bratwurst sehr ähnlich ist. Manche sagen, sie sei eine »Wurst mit tausend Gesichtern«, so groß sei ihre Vielfalt. Je nach Region wird sie mit unterschiedlichen Fleischsorten und Gewürzen (etwa Knoblauch, Pfeffer, Fenchel, Koriander, Paprika, Petersilie, Muskat, Zucker) hergestellt.

Jede Gegend weist Besonderheiten auf, am weitesten verbreitet ist die Wurst aus Schweinefleisch. In die Fleischmasse kann auch Wein, besonders Rotwein, gegeben werden. In den Abruzzen kommen Leber und Honig in das Brät. In den Marken werden Salsicce auch aus Wildschweinfleisch zubereitet. Im Trentino kennt man Salsicce mit Hirschfleisch. In Sardinien und Kampanien sind geräucherte Exemplare verbreitet. Als Salsiccia piccante bezeichnet man eine luftgetrocknete, scharfe Variante (dank Peperoncino).

Die Salsiccia ist meist mittellang, sie kann aber auch kurz und dick sein. Die sizilianische Salsiccia kommt in Schneckenform daher. Gemeinhin wird die Salsiccia gebraten oder gegrillt, in der Emilia-Romagna wird sie auch gekocht. Wenn man aus der Salsiccia das Brät herausdrückt, kann es als Fleischeinlage in Suppen, Pasta-Saucen oder in Risotti Eingang finden. Das italienische Ministerium für Landwirtschaft, Ernährung und Forsten hat in einer offiziellen Liste »typisch anerkannter Lebensmittel« aller italienischen Regionen auch die herausragenden Protagonisten der Salsiccia aufgeführt.

Saucisse de canard

Die Saucisse de canard ist ein Nebenprodukt der Foie-gras- und Entenbrusterzeugung.

Es gibt auch Varianten mit beigemischtem Schweinefleisch. Sie sind vor allem im Périgord verbreitet.

Nur wer die Vorschriften beachtet, darf seine Wurst »Véritable Saucisse de Toulouse« nennen.

Saucisse de Toulouse

Die Saucisse de Toulouse ist eine grobe rohe Bratwurst aus dem südfranzösischen Toulouse, der viertgrößten Stadt des Landes. Die Toulouser Bratwurst kam gegen Ende des 18. Jahrhunderts auf die Märkte in Toulouse. Die Saucisse de Toulouse hat keinen Gebietsschutz, kann mithin überall auf der Welt hergestellt und unter dem Namen verkauft werden. Immerhin wurde der Original-Wurst 1992 das staatliche »Label Rouge« verliehen. Das Gütesiegel – ursprünglich für französisches Geflügel geschaffen – kennzeichnet Lebensmittel, deren Zutaten herausragende Qualität haben und die streng kontrolliert werden. Nur wer die Vorschriften beachtet, darf seine Wurst »Véritable Saucisse de Toulouse« nennen.

Eine echte Saucisse de Toulouse besteht aus rund 80 Prozent magerem Schweinefleisch und 20 Prozent Schweinespeck. Die Masse wird in der Regel nur mit Salz und Pfeffer gewürzt. Andere Gewürze wie Knoblauch oder Wein sind zulässig, dürfen aber nur maximal 0,7 Prozent des Gesamtgewichts betragen. Die Masse wird in Schweine- oder Schafsdärmen abgefüllt. Die Würste werden alle 12 bis 15 Zentimeter abgedreht. Es gibt auch längere Würste, die dann schneckenförmig gerollt werden.

St. Galler Kalbsbratwurst

St. Galler Metzger entwickelten die Bratwurst im Mittelalter. 1438 hielt die Metzgerzunft der Stadt das Rezept in einer Satzung fest. Heute stellen rund 40 Metzgereien aus den Kantonen St. Gallen, Thurgau und Appenzell (Außerrhoden und Innerrhoden) St. Galler Bratwürste her. Seit 2008 ist die geografische Herkunft der Wurst gemäß den Richtlinien der Indication géographique protégée (IGP) in der Schweiz geschützt.

Das Bratwurstbrät besteht aus einer Mischung aus Kalb- und Schweinefleisch, Speck und Milch, die der Bratwurst ihre charakteristische weiße Farbe verleiht. Salz, weißer Pfeffer sowie Macis (Samenmantel der Frucht des Muskatnussbaums) sind obligatorisch. Weitere Gewürze sind zugelassen, aber nicht vorgeschrieben, etwa Zwiebel, Zitrone, Muskat, Kardamom, Koriander und Ingwer. Das verwendete Fleisch und die Milch müssen zwingend aus der Schweiz stammen. Nach dem Abfüllen – der Schweizer Metzger sagt »Stoßen« – in eine Haut aus Schweinedarm wird die rohe Wurst 10 bis 20 Minuten in etwa 70 Grad heißem Wasser gebrüht und danach im Eisbad rasch abgekühlt.

Die St. Galler Bratwurst gibt es in vier verschiedenen Varianten. Die klassische St. Galler Bratwurst IGP wiegt etwa 110 bis 130 Gramm. Bei der edlen St. Galler Kalbsbratwurst IGP liegt der Kalbfleischanteil am gesamten Fleisch bei über 50 Prozent. Die St. Galler OLMA-Bratwurst IGP bringt 160 Gramm auf die Waage. Sie ist benannt nach der populären St. Galler OLMA Schweizer Messe für Landwirtschaft und Ernährung – ursprünglich Ostschweizerische Land- und Milchwirtschaftliche Ausstellung –, die seit 1943 in St. Gallen stattfindet. Die mit 220 Gramm größte Bratwurst ist die St. Galler Kinderfest-Bratwurst IGP, die nur während des alle drei Jahre stattfindenden Traditionsfestes zu erhalten ist.

Wenn es nach den Hütern der St. Galler Bratwurst geht, ist in St. Gallen der Griff zur Senftube oder gar zur Ketchupflasche strengstens verboten und wird von kulinarisch rückständig bis hin zu ehrverletzend eingestuft. Das Argument: Eine St. Galler Bratwurst sei so fein, dass jegliche Geschmacksverzerrung den echten Genuss beeinträchtige. In anderen Teilen der Schweiz ist der Senf-Verzicht allerdings nicht so selbstverständlich. Deshalb spaltet gewissermaßen ein Senfgraben die Nation.

Waadtländer Bratwurst

Die Nummer 1 unter den Bratwürsten in der Schweiz ist die St. Galler. Aber es gibt auch bei den Eidgenossen noch andere, die herausragen. Die Waadtländer Bratwurst zum Beispiel. Bei ihr handelt es sich um eine Wurst mit grobem Schweinebrät, gewürzt mit Muskatnuss, Muskatblüte, Majoran und Weißwein, oft rund 15 Zentimeter lang, im Schweinedarm abgefüllt, 30 Millimeter dick, manchmal auch in Schnecken geformt.

Warum die Nürnberger Bratwurst wirklich so klein ist

Warum die Nürnberger Bratwurst wirklich so klein (geworden) ist, wurde nie erforscht. Für die folkloristische PR reich(t)en die kuriosen Legenden. Walter Gebhardt, Bibliothekar im Stadtarchiv Nürnberg mit besonderem kulinarischen Spürsinn, hat in einem im Herbst 2022 erschienenen Aufsatz erstmals versucht, Licht ins Dunkel der Entwicklungsgeschichte des heutigen Winzlings zu bringen. Absolute Sicherheit gebe es in Ermangelung notwendiger Quellen nicht, musste der Forscher in der Zeitschrift *NORICA* bedauernd feststellen. Doch er konnte manches eingrenzen.

Nach seinen Erkenntnissen war die Nürnberger Bratwurst nach den reichsstädtischen Satzungen über Jahrhunderte so groß und schwer wie etwa heutige fränkische Bratwürste. So steckte die Fülle auch in einem Schweinedarm, Schafsaitlinge waren ohnedies nicht in größeren Mengen verfügbar. Im 16. Jahrhundert war wegen des Bevölkerungswachstums und der mangelnden Fleischversorgung der Standard vielerorts jedoch nicht mehr haltbar. Im Jahr 1555 erlaubte die Stadt Nürnberg eine Halbierung der Wurst – zum gleichen Verkaufspreis. Die Metzger versuchten später diese Hälfte noch einmal zu teilen (also auf das heutige Maß zu reduzieren). Nach einiger Zeit der Duldung schritt der Rat Anfang des 17. Jahrhunderts allerdings wieder dagegen ein.

Irgendwann in den Jahrzehnten danach scheinen sich eine Standardversion von 100 Gramm und eine Notstandsvariante von 50 Gramm etabliert zu haben. Auch die ersten Kochbücher jener Zeit lassen auf die fränkische Normalgröße mit 100 Gramm Gewicht schließen. Um 1800 muss jedoch die kleinste (heutige) Variante in Mode gekommen sein. Zumindest gab es bald entsprechende Beschreibungen von Schriftstellern und Journalisten. Johann Wolfgang von Goethe schrieb 1817 an den Physiker Thomas Johann Seebeck, der sich gerade zu Forschungszwecken in Nürnberg aufhielt: »Vielleicht senden Sie mir, während der kalten Jahreszeit, ein Kästchen mit Nürnberger kleinen Bratwürsten, die wir lange entbehrten.« 1829 bestellte er in einem Brief an einen anderen Bekannten in Nürnberg »gewisse Bratwürstchen, welche dort so vorzüglich gut gefertiget werden«.

Was bereits Jahrhunderte zuvor aus der Not geboren war, scheint sich nun zum Verkaufsschlager entwickelt zu haben. Dass die Kundschaft für vier Bratwürste à 25 Gramm einen höheren Preis als für eine Wurst à 100 Gramm zu bezahlen bereit war, kam den Wirten gerade recht. Die frühen Touristen des 19. Jahrhunderts suchten in Nürnberg die altdeutsche Romantik – und fanden sie auch in den zahlreichen Bratwurstlokalen. Für die Fremden war der Genuss dieser originellen Würste Pflicht.

Die ab Mitte des 19. Jahrhunderts vermehrt erscheinende neue Gattung der Reiseführer beförderte dies noch. Erst Ende des 19. Jahrhunderts begannen die Gastronomen und Nürnberg-Vermarkter mit der besonderen Nürnberger Bratwurst bewusst umzugehen. »Das Potential, auf dieser kulinarischen Klaviatur werbeträchtig zu spielen, blieb erstaunlich lange ungenutzt«, bilanziert Walter Gebhardt.

Das hat sich geändert. Auch die Phasen, in denen sich Nürnberg Ende des 20. Jahrhunderts fast zwanghaft von seinem »Bratwurstimage« befreien wollte, sind Geschichte. Was kann einer Stadt Besseres passieren, als einen solchen speziellen, essbaren Botschafter zu haben, der schier weltweit bekannt ist?

Legenden, Kuriositäten und Rekorde

Die Bratwurst ist seit Jahrhunderten Bestandteil der alltäglichen Ernährung der Menschen. Die Fleischer hatten schon im Mittelalter ein hohes Ansehen. Gute Würste zu machen, ist seit jeher eine Kunst. Eine Kunst, die man auch gern öffentlich zeigt, zumal in Zeiten, da die Metzger noch über keine Schaufenster verfügten. Die Innungen der großen und reichen Städte wetteiferten darin, die längsten Würste herzustellen und sie bei prozessionsähnlichen Veranstaltungen und Festen stolz zu präsentieren.

Schriftlich dokumentiert ist die erste Riesenwurst im Jahr 1558. Sie wurde von der Königsberger Fleischerzunft gemacht. 1583 und 1601 stellten sie neue Rekorde auf, schließlich übertraf ihre Wurst von 1601 alles bisher Dagewesene. In einem historischen Bericht heißt es: »Die Wurst ist 1005 Ellen lang, hat gewogen 22 Steine und 5 Pfund, thut 885 Pfund. Dazu ist kein ander Fleisch genommen worden als: 81 lautere Schweine-Schinken, Därme von 45 Schweinen, anderthalb Tonnen Salz, anderthalb Tonnen Bier, 18 ¼ Pfund Pfeffer. Es haben daran gearbeitet: den ersten Tag von 6 Uhr morgens bis auf den Abend um 7, des anderen Tags von 8 bis 1 Uhr: 3 Meister, 87 Gesellen, thut 90 Personen. Haben dabei ausgetrunken: ungefähr 40 Faß Bier.« (Die Tonne ist ein historisches Hohlmaß, das mit der heutigen Tonne als metrischer Angabe für das Gewicht nicht vergleichbar ist.)

In Nürnberg mühte man sich auch um superlange Bratwürste. Umzüge mit Riesenwürsten fanden in den Jahren 1591, 1614, 1624 und 1658 statt. Mit ihren 658 Ellen konnte sie allerdings nicht mit dem Königsberger Rekordexemplar mithalten. Die zweitlängste in jener Zeit stellten die Wiener Fleischhacker mit einer Länge von 999 Ellen her, die »Zittauer« des Jahres 1726 kam auf 625 Ellen. Beim 23. Deutschen Fleischertag in Nürnberg wurde im Jahr 1900 eine 1670 Meter lange Bratwurst hergestellt. Die Längenvergleiche sind indes schwierig, maß die Elle je nach Gegend in Preußen oder Süddeutschland zwischen 58 und 85 Zentimeter. Auf jeden Fall waren Präsentationen und Feste Riesenspektakel, die den Ruhm der jeweiligen Stadt und ihres liebsten Bratwurstprodukts weit über die eigenen Grenzen hinaus mehren sollten.

Schriftlich dokumentiert ist die erste Riesenwurst im Jahr 1558.

Der Wettstreit um die längste Wurst ist kein Phänomen vergangener Zeiten. Er zieht sich bis in unsere Tage. Und die Würste wurden immer länger. In St. Gallen wurde 1985 eine 1293 Meter lange Bratwurst gefertigt und gebraten. Der Fleischermeister Karl-Heinz Siebert produzierte zum Krämerbrückenfest 1991 in Erfurt eine 1638 Meter lange Wurst. Im selben Jahr stellte Marcel Kraus in Thalwil (Schweiz) eine exakt 1715,17 Meter lange Wurst her und verkaufte sie vor seinem Geschäft in der Gotthardstraße in 5183 Portionen. Zwei Jahre später erlebte der Erfurter Domplatz einen Weltrekord: 2270 Meter lang war die von Fleischermeister Karl-Heinz Siebert hergestellte und auf einem riesigen Rost gebratene Wurst.

50 Fleischer und Brater toppten diesen Rekord mit einer 3710 Meter langen Wurst beim 3. Thüringentag 1998. Im Juni 1999 stellte Metzgermeister Bernhard Oßner mit einem Team von 16 Metzgern und vielen Helfern im Ausflugslokal Weihbüchl bei Landshut mit 5888 Meter die längste Bratwurst am Stück her. Die Produktion in einer dafür eigens umgebauten Scheune dauerte neun Stunden und 13 Minuten. In Würzburg produzierte Metzgermeister Anton Dotzel im Jahr 2002 zum 65-jährigen Firmenjubiläum ein einziges Paar Würzburger Bratwürste mit einem Gewicht von 17,71 Kilogramm und sicherte sich damit einen Eintrag ins Guinness-Buch der Rekorde.

Die geschützten Nürnberger Rostbratwürste sind mit einer Länge von 7 bis 9 Zentimetern und einem Gewicht von 20 bis 25 Gramm die mit Abstand kleinsten aller Bratwürste. Zum Bekanntheitsgrad der Wurst tragen auch so manche Geschichten bei, die man sich schon lange erzählt und die in keinem noch so kleinen Stadtführer fehlen dürfen, wenn es um die Lobpreisung der Nürnberger Spezialität geht.

Die alte Noris verfügte nicht nur über die meisten, sondern auch über die kleinsten Wirtsstuben. Tatsächlich hatte Nürnberg etwa im Jahr 1806 mehr als 200 Wirtshäuser – bei rund 25.000 Einwohnern. Damit belegte die Stadt in deutschen Landen einen Spitzenplatz, was die Wirtshausdichte anbelangte. Aber weil die Gasthäuser so klein waren, mussten auch die Würste klein sein. Die fränkischen Bratwürste hätten die Dimension der Küche und der Gasträume gesprengt.

Serviert auf Zinntellern, manchmal in Herzform, wurden die »Nürnberger« vor allem für Touristen bis heute auch zu einem optischen Erlebnis.

Die drei bekanntesten Erklärungen für die Kleinheit der Würste lauten: Sie sind so klein, weil sie so nach der Sperrstunde von den Wirten auch noch durchs Schlüsselloch gereicht werden konnten. Und weil nach Schließung der Stadttore so auch Spätankömmlinge – ebenfalls durchs Schlüsselloch – verköstigt werden konnten. Und weil so Gefangene durch eigens in die Wände gebohrte Löcher – daher angeblich der Name »Lochgefängnis« (im Keller des Alten Rathauses) – versorgt werden konnten. Legenden und Geschichten. Mit der kleinen Form wurde ein absolutes Alleinstellungsmerkmal geschaffen. Serviert auf Zinntellern, manchmal in Herzform, wurden die »Nürnberger« vor allem für Touristen bis heute auch zu einem optischen Erlebnis, von dem zu Hause berichtet werden kann. In Zeiten von Smartphones gehen die Impressionen auf den sozialen Kanälen um die Welt.

In den Nürnberger Lochgefängnissen wurden Auswärtige inhaftiert, Einheimische kamen in den Schuldturm. Der aus einem angesehenen Geschlecht stammende Patrizier und Stadtrichter Hans Stromer (1517–1592) wurde 1554 »wegen Geheimnisverrats und unflätiger Reden« zu lebenslanger Haft verurteilt. 38 Jahre saß er im Kerker ein.

Auf Bratwürste musste er nicht verzichten. »Die 28 000, die er verzehrte, müssen sehr gut gewesen sein, dass sie ihm nicht leid geworden sind«, vermerkte später der Stadtchronist. Man hatte seinem Wunsch entsprochen, täglich zwei Bratwürste zu bekommen. Es handelte sich wohl noch um die größere Variante. Die Lebensfreude nach jahrzehntelangem Gefängnisdasein konnten sie ihm allerdings nicht erhalten. Stromer stürzte sich vom Turm in den Tod.

Im Dreißigjährigen Krieg stand der fränkische Marktflecken Geiselwind kurz vor der Einnahme durch den schwedischen General Murrmann. Die Ortschaft wurde schon länger belagert. Es stand schlecht um die Zukunft der Bürger. Der Bürgermeister machte sich mit zwei Begleitern auf ins feindliche Lager, um zu verhandeln. Der Offizier war gerade beim Mittagsmahl und ungehalten ob der Störung. Er griff nach einer Wurst und verkündete: »So wahr ich diese Wurst esse, wird Geiselwind zerstört.« In dem Moment sprang ihm eine Katze auf die Schulter und schnappte ihm die Wurst weg. Murrmann sah dies als schlechtes Omen an – und verschonte Geiselwind. An diese sagenhafte Episode erinnert auf der Mauer des ehemaligen Amt- und Zehnthauses in Geiselwind das Murrmann-Denkmal: Der General hält in der linken Hand eine Wurst, eine Katze sitzt auf seiner rechten Schulter und krallt nach dem guten Stück.

Bratwurstmuseen

Deutsches Bratwurstmuseum in Mühlhausen (Thüringen)

Das 1. Deutsche Bratwurstmuseum wurde im Mai 2006 im thüringischen Holzhausen in der Nähe von Arnstadt eröffnet. Ideeller Träger ist der Verein Freunde der Thüringer Bratwurst. Das Museum präsentierte jahrelang sehr erfolgreich viele Informationen über Fleisch- und Wurstverarbeitung, Rezepturen und Herstellung der Thüringer Bratwurst. Mit jährlich 50.000 Besucherinnen und Besuchern war das Haus jedoch an seine Grenzen gekommen. Der Betrieb wurde in Holzhausen im April 2020 eingestellt, um nach einem Umzug in einem erheblich größeren Neubau in Mühlhausen im Mai 2020 wiedereröffnet zu werden. Die Coronapandemie machte den Plänen einen Strich durch die Rechnung. Der Neubau verzögerte sich. Nun ist geplant, dass das Museum am neuen Standort im Lauf des Jahres 2023 an den Start gehen kann.

Aktuelle Informationen unter:
www.bratwurstmuseum.de

Nürnberger Bratwurstmuseum

Das 2021 eröffnete Nürnberger Bratwurstmuseum liegt im Herzen der Altstadt. Träger ist der Schutzverband Nürnberger Bratwürste. Man erhält in der kleinen Schau Einblicke in die Geschichte und lange handwerkliche Tradition einer der bekanntesten kulinarischen Spezialitäten der Stadt. Viel Wissenswertes wird anschaulich präsentiert. Sagen und Legenden werden lebendig. Besucherinnen und Besucher werden eingeführt in die traditionellen Darreichungsformen und erfahren viel über die Bedeutung berühmter Bratwurstküchen.

Aktuelle Informationen unter:
www.nuernberger-bratwuerste.de

Bratwurstkult - und ein bisschen Marketing

Es dürfte kein Zufall sein, dass sich an verschiedenen Orten im deutschsprachigen Raum Ende des 20. und zu Beginn des 21. Jahrhunderts die Menschen des Werts der Bratwurst wieder stärker bewusst wurden. Die Bratwurst wurde als ausgesprochenes Genuss- und Kulturgut (wieder-)entdeckt. Metzger, Interessenvertreter, Marketingleute und wahre Liebhaber schlossen sich da und dort in Vereinen zusammen, um die Bratwurst zu hegen und zu pflegen, für sie zu werben und sie zu schützen.

In Nürnberg gründeten 1989 die Stadt, die vier industriellen Hersteller Kupfer, HoWe, Schlütter's und Wolf sowie rund 70 Metzger aus dem Handwerk, repräsentiert durch die Fleischerinnung Nürnberg, den Schutzverband Nürnberger Bratwürste e. V. Was von manchen belächelt wurde, hat einen tieferen Sinn. Von Anfang an ging es den Mitgliedern um den Schutz des unverfälschten Geschmacks der Nürnberger Bratwurst. Die Tradition der Herstellung sowie die Rezeptur der Nürnberger Bratwürste tragen seit dem 15. Juli 2003 das Siegel »geschützte geografische Angabe« (g.g.A.) der Europäischen Union. Nur wer in Nürnberg produziert und sich an die Vorgaben hält, darf sein Erzeugnis mit dem Verbandslabel »Original Nürnberger Rostbratwürste« versehen.

Hartmut Frommer, damals der oberste Jurist der Stadt Nürnberg und Vorsitzende des Verbands, hat über Jahre mit Nachdruck auf dieses wertvolle EU-Label hingewirkt. Der Verein prüft seither kontinuierlich die geografische Herkunft aus Nürnberg, die Einhaltung der Qualität, die Rezeptur und alle typischen Eigenschaften. Zum anderen betreibt er Markenpflege und kümmert sich um den Ausbau der Markenbekanntheit. Zu diesen Marketingaktivitäten gehört auch das 2021 eröffnete Nürnberger Bratwurstmuseum im Herzen der Stadt. Zudem vergibt der Verband alljährlich den Nürnberger Bratwurstpreis an eine Person oder Institution, die sich um die Nürnberger Bratwurst in besonderer Weise verdient gemacht hat.

Auch der Thüringer Rostbratwurst wurde von der EU im Dezember 2003 das Gütesiegel der geschützten geografischen Angabe zuerkannt. Der 1993 ins Leben gerufene Herkunftsverband Thüringer und Eichsfelder Wurst- und Fleisch e. V. hatte lange für dieses Gütezeichen gearbeitet. Im Mai 2004 wurden auf dem Erfurter Domplatz bei einem Fest mit 20.000 Besucherinnen und Besuchern »600 Jahre Thüringer Rostbratwurst« gefeiert. Daraus entwickelte sich die neue Tradition der »Rostkultur«: Alljährlich zu Beginn der Grillsaison wird das thüringische »Nationalgericht« beim sogenannten Angrillen im März zelebriert – Motto: »Thüringen glüht auf«. Eine einzige große Marketingmaßnahme für die Thüringer Bratwurst. Mit dabei: nicht nur der Thüringer Bratwurstkönig, sondern auch der Thüringer Ministerpräsident. Es geht ja um die Wurst.

Der 2006 gegründete Verein »Freunde der Thüringer Bratwurst« ist Träger des bereits 2006 eröffneten 1. Deutschen Bratwurstmuseums in Holzhausen. Es wird im Jahr 2023 an einen neuen, größeren Standort in Mühlhausen umziehen. Im Mittelpunkt der Arbeit des Vereins steht die Kultur- und Brauchtumspflege der Thüringer Bratwurst. Seit 2007 veranstaltet der Verein am Internationalen Museumstag ein Fest im Bratwurstmuseum. An diesem Tag vergibt er gemeinsam mit dem Thüringischen Ministerium für Landwirtschaft, Forsten, Umwelt und Naturschutz sowie dem Herkunftsverband Thüringer und Eichsfelder Wurst und Fleisch e. V. den Thüringer Bratwurstpreis an Personen, die sich in besonderer Weise um Thüringens leckerstes Kulturgut, die Thüringer Rostbratwurst, verdient gemacht haben.

Jeder Wettbewerbsteilnehmer darf eine traditionell und eine neu, also »kreativ« hergestellte Bratwurst präsentieren.

In der deutschen Hauptstadt wird seit bald zwei Jahrzehnten alljährlich die Berliner Bratwurstmeisterschaft ausgetragen. Was als kleines Projekt im Freilandmuseum Domäne Dahlem mit den dortigen Ausstellungsstücken einer handwerklichen Fleischerei unter der Patenschaft der Berliner Fleischer-Innung begann, hat sich zu einem großen Fest mit über 10.000 Besucherinnen und Besuchern entwickelt. Inzwischen werden auch Brandenburger Fleischer eingeladen. Jeder Wettbewerbsteilnehmer darf eine traditionell und eine neu, also »kreativ« hergestellte Bratwurst präsentieren.

Vor allem die zweite Kategorie sorgt für höchstes Interesse und Aufmerksamkeit. So war eine »Frutti di mare«-Bratwurst (mit Lachs und Meeresfrüchten) ebenso am Start (und wurde ausgezeichnet) wie ein »Frühlings-Griller« mit Spargel, frischem Basilikum, zweierlei Sorten Käse und getrockneten Tomaten oder auch eine Cognac-Steinpilz-Bratwurst. Das Publikum ist stets neugierig auf die Neuschöpfungen. Die Besucherinnen und Besucher bestimmen mit ihrem Votum auch die jeweiligen Siegerwürste.

Die oberfränkische Stadt Pegnitz lädt seit 2011 alljährlich zu einem »fränkischen Bratwurstgipfel« ein.

Von Dahlem tragen internationale Medien die Bratwurst in alle Welt. »Neben heimischen Medien haben auch schon französische oder japanische Fernsehsender über unsere Bratwurstmeisterschaft berichtet«, sagt Martin Stock, Geschäftsführer der Innung und Organisator der Bratwurstmeisterschaft. »Das alles ist eine echte Marketingmaßnahme und eine Werbung für das Metzgerhandwerk«, fährt der studierte Politologe und Historiker fort.

Die erfolgreiche Veranstaltung war auch Vorbild für inzwischen ebenso erfolgreiche Nachahmer. Die oberfränkische Stadt Pegnitz lädt seit 2011 alljährlich zu einem »fränkischen Bratwurstgipfel« ein. Jeweils am Sonntag vor Pfingsten treten Metzger aus Unter-, Mittel- und Oberfranken zum Wettstreit an. Der Andrang ist groß. Alle Interessenten müssen sich einem Losverfahren unterziehen. Es gibt auch hier zwei Kategorien: die traditionelle Bratwurst und die »Kreativbratwurst«. Wer die meisten Stimmen einer Fachjury und des Publikums auf sich vereint, wird zum Bratwurstkönig gekürt. Am Ende heimst der Sieger nicht nur diesen Titel ein, sondern kann auch sicher sein, neue Kundinnen und Kunden zu gewinnen oder bestehende zu binden. Man freut sich, dass »unser« Metzger bei einem Wettbewerb gewonnen hat. Und manche fragen schon lange vor der Grillsaison nach, welche neuen Kreationen es heuer gebe.

In der Kategorie »Kreativbratwurst« sind der kulinarischen Fantasie auch in Franken keine Grenzen gesetzt. Im Wettbewerb waren bereits Geschmacksrichtungen wie »Schoko-Chili«, »Mango-Ananas«, »Lebkuchen« oder »Apfel-Kräuter«. Unterm Strich ein Spaß für Teilnehmer und Gäste – und eine einzige Werbung für die Bratwurst. Auf Initiative des Pegnitzer Metzgermeisters Klaus Linder wurde 2015 auch ein Verein zur Förderung der fränkischen Bratwurstkultur gegründet, dem es um den Erhalt des althergebrachten Kulturguts und seiner kreativen Weiterentwicklung geht. Er ist inzwischen auch Veranstalter des Bratwurstgipfels.

Viele Aktivitäten lagen einige Zeit brach: Die Coronapandemie hat in den Jahren 2020 und 2021 viele Veranstaltungen rund um die Bratwurst vereitelt. Auch 2022 wurde da und dort nur zaghaft an frühere Traditionen zum öffentlichen Lobpreis der Bratwurst angeknüpft. Doch die Akteure blicken zuversichtlich nach vorne.

Auch in anderen europäischen Ländern gibt es Vereine und Veranstaltungen, die sich bemühen, den Ruhm ihrer Bratwurst zu mehren. Die Sortenorganisation St. Galler Bratwurst bewahrt das kulinarische Erbe der St. Galler Bratwurst. Die Rechte und die Oberaufsicht liegen beim Fleischfachverband St. Gallen-Liechtenstein. Die Organisation stellt sicher, dass die traditionelle Spezialität ausschließlich in der Ostschweiz produziert wird, so wie es das Label IGP verlangt. Das IGP-Zeichen (Indication Géographique Protégée) steht in der Schweiz für Produkte mit einer geschützten geografischen Herkunftsbezeichnung. Die St. Galler Bratwurst gehört seit 2008 diesem exklusiven Kreis an.

Daneben gibt es auch Produkte mit einer geschützten Ursprungsbezeichnung: Appellation d'Origine Protégée (AOP). Dazu gehören traditionelle Spezialitäten, die eine starke Verbindung zu ihrer Ursprungsregion aufweisen. Seit einem

Abkommen 2011 gilt der schweizerische AOP-IGP-Schutz vor Nachahmung und Täuschung auch in der EU, und umgekehrt sind die bei der EU registrierten Produkte der geschützten Ursprungsbezeichnung und Herkunftsangabe in der Schweiz geschützt. Auch die St. Galler wissen um das hohe Gut ihrer Spezialität. Deshalb gibt es inzwischen Bestrebungen, ein »Haus der Bratwurst« zu schaffen, in dem die St. Galler Bratwurst in einem Degustationsraum in Szene gesetzt wird.

Für solche Initiativen braucht es Zusammenhalt. Dass die Verständigung auf einheitliche Standards und Labels nicht einfach ist, zeigt ein Blick in das Vereinigte Königreich. Die Lincolnshire Sausage ist eng mit dem County Lincolnshire im Osten von England verbunden, sie darf aber auch in ganz England hergestellt und unter dem Namen Lincolnshire Sausage verkauft werden. Vor dem Brexit gab es Bestrebungen von Metzgern und Köchen aus der Grafschaft, die Wurst EU-weit als geschützte geografische Angabe registrieren zu lassen. Daraus wurde nichts. Einige industrielle Hersteller abseits des Lincolnshire County hatten sich den Bemühungen widersetzt. Sie hätten sich dann – abgesehen von der lokalen Bindung – auch einer einheitlichen Rezeptur unterwerfen müssen.

Im französischen Alençon in der Normandie wird seit 2011 alljährlich der Wettbewerb »Championat d'Europe de la saucisse grillée« ausgetragen. Dabei werden auch hier außergewöhnliche Kreationen prämiert, etwa eine Bratwurst mit Schweinefleisch, Muscheln und Petersilie – die Saucisse au Coques.

Im amerikanischen Englisch wird die Bratwurst gern als »brat« abgekürzt. Von deutschen Einwanderern nach Nordamerika gebracht, wurde die Bratwurst vor allem in den 1920er-Jahren in Sheboygan County, Wisconsin, populär. Neben Hot Dogs sind »brats« in vielen Sportstadien vertreten. Die Ursprünge liegen im Dunkeln, aber seit gut 20 Jahren gilt in den USA der 16. August als nationaler Tag der Bratwurst – der National Bratwurst Day oder kurz: Brat Day. Es ist nicht ausgeschlossen, dass dieser Bratwursttag irgendwann über den Atlantik in ganz Europa ankommt und er auch in den Stammlanden der Bratwurst gefeiert wird. Das 1. Deutsche Bratwurstmuseum hat das Datum 2018 erstmals zum Anlass genommen, in Thüringen den 1. Internationalen Tag der Bratwurst zu feiern.

Seit gut 20 Jahren gilt in den USA der 16. August als nationaler Tag der Bratwurst – der National Bratwurst Day oder kurz: Brat Day

Die originale Bratwurst erfährt seit Jahren eine wachsende Image-Aufwertung. Man schätzt das Original. Ulrich »Uli« Hoeneß, der ehemalige erfolgreiche Fußball-Nationalspieler sowie jahrzehntelang nicht minder erfolgreiche Präsident des FC Bayern München, stammt aus einer Ulmer Metzgerfamilie. In Nürnberg (wo er einmal für kurze Zeit beim ortsansässigen Bundesligaverein spielte) gründete er mit dem heimischen Metzger Werner Weiß die Wurstfabrik HoWe. Dem Fußballmanager und Unternehmer fehlte es nie an neuen Ideen und auch mit Marketing kannte er sich schon immer aus. 2010 entwickelte er zusammen mit der Fastfoodkette McDonald's einen neuen Burger, den »Nürnburger«: drei Hoeneß-Bratwürste mit gerösteten Zwiebeln und Senfsoße im Ciabatta-Brötchen. Das Produkt hat die Testphase nicht lange überlebt.

Die Bratwurst ist Kult. Im Prinzip führen die verschiedenen Wettbewerbsveranstalter und Marketingorganisationen heute fort, was die Urahnen der Bratwurstkultivierung mit ihren diversen Verordnungen schon im Mittelalter begonnen haben: Regeln aufstellen, Standards festschreiben, auf Qualität achten, das Produkt behutsam weiterentwickeln und nebenbei ein bisschen Werbung machen. Oder auch ein bisschen mehr.

Bratwursthäuser und Würstelstände

Sich gemeinsam in Gasthäusern oder Restaurants zu verabreden, ja überhaupt essen zu gehen, ist in der Menschheitsgeschichte eher ungewöhnlich und eine Entwicklung der neuesten Zeit. In Gemeinschaft und im großen Stil wurde bei Hofe gegessen, die einfachen Leute nahmen vornehmlich zu Hause ihre kärglichen Mahlzeiten ein.

Aber es gab schon im Römischen Reich, in Babylon oder in China längst vor Beginn der christlichen Zeitrechnung Imbisse und Garküchen. Dort besorgten sich sowohl Arme als auch zum Teil Wohlhabende ihre Nahrung. »Schon im antiken Athen standen Händler mit ihren tragbaren kleinen Herden auf der Straße und brieten scharf gewürzte Würstchen«, berichten Dünnebier und Paczensky. Den unteren Schichten fehlten in ihren Behausungen, wenn sie denn welche hatten, oftmals sogar die Voraussetzungen zum Kochen, und ein Feuer am Lodern zu halten war teuer.

Aber es gab schon im Römischen Reich, in Babylon oder in China längst vor Beginn der christlichen Zeitrechnung Imbisse und Garküchen.

Zwischen 1135 und 1146 wurde in Regensburg die Steinerne Brücke über die Donau gebaut. Seinerzeit als achtes Weltwunder gefeiert, gilt sie heute noch als Meisterwerk mittelalterlicher Baukunst. Die zahlreichen Bauarbeiter hatten aber weder ihre Frauen dabei (die ihnen Essen hätten bringen können), noch waren sie imstande, sich selbst zu versorgen. So war es naheliegend, gleich neben der Baustelle stärkende Mahlzeiten anzubieten. Nach Fertigstellung der Brücke wurde aus der Essensausgabestelle, die wohl im Baubüro in einem kleinen, an die Stadtmauer geschmiegten Gebäude untergebracht war, die »Garküche auf dem Kranchen« – Kranchen war der Name für Kran oder Kräne.

Die Kundschaft bestand aus Hafen- und Bauarbeitern. Mit dem Bau des Regensburger Doms gab es bald erneut viele hungrige Werktätige. Der Grundstein für die »Wurstkuchl« war gelegt. Nach Angaben der heutigen Betreiber wurde das Haus über Jahrhunderte als Garküche geführt. Die feineren Bratwürste seien erst mit Beginn des 19. Jahrhunderts immer beliebter geworden.

Heute steht die »historische Wurstkuchl« – die »älteste Bratwurststube der Welt« – gleich neben Dom und Steinerner Brücke auf der Liste vieler Touristen. Ehe sich die »Wurstkuchl« mit diesem Titel unwidersprochen schmücken durfte, vergingen jedoch um die letzte Jahrtausendwende Jahre eines munteren (und werbewirksamen) Geplänkels mit einem Wettbewerber in Nürnberg. Der Inhaber der Bratwurstküche »Zum Gulden Stern« beanspruchte das historische Attribut für sein Lokal. Zunächst ging es um die erste urkundliche Erwähnung. Da hatte Regensburg (1378) die Nase gegenüber dem Kontrahenten in Franken (1419) vorn. Dann ging es um die Frage, welches Wirtshaus am längsten ununterbrochen betrieben wird. Hier obsiegte der »Gulden Stern« (seit 1639) vor der »Wurstkuchl« (1651).

Schließlich fällte Wiggerl Hagn, Präsident des Bayerischen Hotel- und Gaststättenverbands, im April 2000 ein salomonisches Urteil: Der »Gulden Stern« in Nürnberg darf behaupten, die älteste Bratwurstküche der Welt zu »haben«, die »historische Wurstkuchl« in Regensburg darf sagen, die älteste zu »sein«. So war beiden geholfen und das Thema Bratwurst zum Wohle der Bekanntheit und des Umsatzes wieder in aller Munde.

Wenige Meter nördlich der Nürnberger Stadtkirche St. Sebald entstand 1313 die Moritzkapelle. Auf dem Platz, dem einstigen Milchmarkt, gab es zu jener Zeit mehrere Garküchen. Schriftlich dokumentiert ist in der zweiten Hälfte des 15. Jahrhunderts ein »Koch pei sant Sebolt«. Es könnte der Koch des »Bratwurstglöckleins« gewesen sein. Diese Bratwurstgaststätte, ein geduckter, schmaler Anbau an der Nordwand der Kapelle, wurde zum Inbegriff der Nürnberger Bratwurstkultur. Bildungshungrige Reisende *mussten* hier einkehren.

Im Lauf der Zeit stieg die gemütliche Gaststube zu einem der berühmtesten Lokale Deutschlands und zur prominenten Sehenswürdigkeit der Stadt auf. Mit der touristischen Entdeckung Nürnbergs im 19. Jahrhundert, verbunden mit der Dürer-Romantik – Dürers Wohn- und Arbeitshaus steht nur wenige Hundert

Die Institution des Würstelstandes hat schließlich 2012 Eingang in die Hochkultur gefunden, als beim Wiener Opernball erstmals ein Stand »im Altwiener Stil« eingerichtet wurde.

Meter entfernt –, wurde das »Bratwurstglöcklein« so auch zu einem nicht zu unterschätzenden Marketing-Faktor. Postkarten mit Glöcklein-Motiven gingen um die Welt. Bei einem Bombenangriff im Oktober 1944 wurden Moritzkapelle und »Bratwurstglöcklein« dem Erdboden gleichgemacht. Kirche und Gasthaus wurden nie wieder aufgebaut.

Die Bratwurst-Gaststätten-Kultur ist in Nürnberg bis heute präsent. Man trifft sich im »Bratwursthäusle«, einer Jahrzehnte alten Institution, die auch in japanischen Reiseführern ihren Platz hat, im »Bratwurst Röslein«, im »Goldenen Posthorn«, »Zum Gulden Stern« oder im (nahe am Hauptbahnhof im Handwerkerhof im Jahr 1971 neu gegründeten) »Bratwurstglöcklein«. Wer nicht am Tisch speisen will, kauft sich am Tresen sein Bratwurstbrötchen (»Drei im Weggla«) zum Mitnehmen. Natürlich servieren auch viele andere Lokale fränkische und Nürnberger Bratwürste. Sie dürfen auf den Speisekarten traditioneller Lokale nicht fehlen.

Doch ist die Wurst auch im Vorübergehen an den diversen Ständen im Stadtgebiet leicht zu bekommen, wie auch die Bratwurst an gleichnamigen Buden in vielen Ortschaften und Städten zu haben ist. Imbissstände ohne Bratwurst – schier undenkbar. Die Wiener Würstelstände sind legendär. Ursprünglich waren es seit der K.-u.-k.-Zeit zunächst fahrbare Verkaufsstände. Feste Stände sind in Wien seit den 1960er-Jahren erlaubt. Angeboten werden Bratwürste, aber unter anderem auch Burenwurst, Frankfurter, Bosna, Waldviertler, Debreziner oder Leberkäse.

Die Institution des Würstelstandes hat schließlich 2012 Eingang in die Hochkultur gefunden, als beim Wiener Opernball erstmals ein Stand »im Altwiener Stil« eingerichtet wurde. Am Würstelstand trifft man sich eben, um den kleinen Hunger zwischendurch stillen oder auch der puren Lust am Genuss frönen zu können, im Alltag, zu fast jeder Tageszeit oder eben auch beim bedeutendsten Ballereignis der Saison.

Das Wiener Architekturbüro Schuberth und Schuberth hat in jüngster Vergangenheit Würstelstände in Wien gestaltet, auch in prominenter Lage etwa neben der Albertina. Auf der Website kann man lesen: »Doch genießt der Würstelstand weithin große Sympathie, wie man von einem guten Bekannten spricht, der über jeden Tadel erhaben ist. Hier gilt auch der Einheimische noch was: wer akzentfrei am Würstelstand bestellen kann und die Nachrede des Taxifahrers versteht, ist in der Stadt angekommen. Dabei ist der Kult ein relativ junger, der Einzug in die Populärkultur fand ab den 80er Jahren statt, Berichte in Filmen und Magazinen illustrierten die soziale Elastizität und Durchlässigkeit, eine Gesellschaftstankstelle für den Großstadtflaneur. Der Würstelstand wurde zur Wiener Marke wie der Heurige oder das Kaffeehaus.«

Beim Genuss der Bratwurst im Freien kommt noch etwas anderes hinzu: der betörende Duft, der vom Brätling auf dem Rost ausgeht. Wenn der Wind günstig steht, wird man schon von Weitem magisch angezogen. Beim Bummel über jeden Kirchweihplatz, jedes Volksfest oder über Weihnachtsmärkte, auf denen nie ein Mangel an Bratwurstbuden herrscht, sind die olfaktorischen Verlockungen unüberriechbar. Die Bratwurst auf dem Sportplatz, dem großen Stadt- oder dem privaten Grillfest verströmt ihre animierende Wirkung schon vor dem Verzehr. Welches andere Nahrungsmittel kann das von sich behaupten?

»Der Würstelstand wurde zur Wiener Marke wie der Heurige oder das Kaffeehaus.«

Warum Bratwürste auch der Seele guttun

Eine Bratwurst hat wahrscheinlich jeder schon einmal gegessen – sofern er nicht in einem streng vegetarisch oder vegan geprägten Umfeld aufgewachsen ist. Vielleicht am Mittagstisch in der Familie, am Imbissstand in der Fußgängerzone, im Gasthaus, im Biergarten, bei einem lauschigen Grillabend, zusammen mit Freunden, in stürmischen Jahren am Lagerfeuer oder bei einem festlichen Empfang.

Dass man auch gerne an ungewöhnlichen Orten zur Bratwurst greift, hat natürlich mit den eigenen Prägungen und Erfahrungen, aber ebenso mit dem Wissen darum zu tun, dass die Bratwurst meist etwas sehr Verlässliches ist, zumal wenn das Produkt aus Orten oder Regionen kommt, die man kennt, sodass man mit ihr emotional verbunden ist. Die Bratwurst erinnert an schöne Erlebnisse, an ein Gemeinschaftsgefühl.

Das Verzehren einer Bratwurst kann ein Statement sein. Man sucht in der Bratwurst auch – um es mit einem Modewort zu charakterisieren – das Authentische. Deshalb ist es nur verständlich, wenn beim Caterer einer großen Veranstaltung mit mehrheitskompatiblen internationalen Speisen – wie Nasi Goreng, Lasagne, Züricher Geschnetzeltes – der Wärmebehälter mit den gegrillten Bratwürsten am schnellsten leer ist.

Oder man trifft sich fein gekleidet beim Opernball. Der Bereich der Ehrengäste ist gut besucht. Beim Flying Buffet erfreut man sich an Canapés mit Shrimps und bestem Roastbeef. Daneben suggeriert die Austernbar Weltläufigkeit. Und natürlich gibt es dazu Champagner. Wenn die Stunden ein wenig verronnen und der Reiz des ersten gesellschaftlichen Kitzels (sehen und gesehen werden) verflogen sind, verabredet man sich im »Bratwurstkeller« mit Bekannten und Freunden. Nun wärmt ein Bratwurst-Imbiss nicht nur den Magen, sondern auch die Seele. Man rückt auf engen Bänken zusammen (egal wie das die Festrobe goutiert). Die vertraute Wurst (zu der es natürlich keinen exquisiten Schaumwein, sondern ein bodenständiges Bier gibt) sorgt für Wohlbefinden.

Es gibt eine Beziehung zwischen den Menschen und dem, was sie herstellen und verzehren. Man schöpft aus den Erfahrungen und Überlieferungen der Vorfahren.

Was verbindet man mit der Stadt Nürnberg? Es sind Themen und Begriffe wie Reichsparteitage, Nürnberger Prozesse, Christkindlesmarkt, »der Glubb« (mundartlich für Club oder 1. FC Nürnberg), Lebkuchen und – Bratwürste, vor allem: Nürnberger Rostbratwürste.

Die NS-Zeit und ihre Folgen kleben an der Stadt wie ein immerwährender Makel. Umso mehr freut man sich, »Repräsentant« von kulinarischen Besonderheiten sein zu können. Wenn ein Nürnberger in fernen Ländern weilt, wird er voller Stolz von Lebkuchen und Bratwürsten aus seiner Heimatstadt berichten. Kulinarische Produkte können so außergewöhnliche Botschafter ihrer Herkunftsregion sein.

Auf lokal- und regionalspezifische Spezialitäten können sich die meisten Menschen jenseits ihrer sonstigen Einstellungen verständigen. Sie stehen für ein Stück Identität. Dem Thüringer und dem St. Galler wird es mit Blick auf »seine« Bratwurst nicht anders ergehen als dem Coburger.

Wahrscheinlich sind alle Speisen dieser Welt – wenn sie nicht gerade von irgendwelchen Algorithmen zusammengestellt werden, was nicht ausgeschlossen ist im 21. Jahrhundert – Produkte von Menschen mit einem ganz bestimmten Erfahrungshorizont und einer konkreten ortsspezifischen Bindung. Es gibt eine Beziehung zwischen den Menschen und dem, was sie herstellen und verzehren. Man schöpft aus den Erfahrungen und Überlieferungen der Vorfahren. Die Bratwurst mit ihrer jahrhundertealten Geschichte ist ein Stück Verlässlichkeit in einer sich immer schneller wandelnden globalen Welt. Das seit 2000 geltende Motto der Europäischen Union lautet: »In Vielfalt vereint«. Möglicherweise vereint auch die Vielfalt der Bratwurst. Dabei kennt die Bratwurst keine Standesgrenzen. An der Wurstbude versammeln sich Banker und Handwerker, Schüler und Studenten, junge und alte Menschen, Einheimische und Zugereiste. Die Bratwurst ist für alle da, auch weil sie erschwinglich und stets verfügbar ist. Und auch der betuchteste Jet-Setter erfreut sich nach ausgiebigem Fine Dining an einer ehrlichen Bratwurst.

Die Dreieinigkeit: Fußball, Bier und Bratwurst

»Für mich ist Fußball weniger Schampus und Kaviar, sondern mehr Bier und Bratwurst«, erklärte Steffen Schneekloth, Präsident des Zweitligisten Holstein Kiel, im Frühjahr 2021 in einem Interview. Der Kult-Fußballer Sascha Mölders (die »Wampe von Giesing«) gab Ende 2020, damals in Diensten des TSV 1860 München, im Fußballmagazin *kicker* zu Protokoll: »Fußball ist Stehplatz, Bier in der Hand und Bratwurst.« Es gibt keinen Zweifel: Bratwurst, Bier und Fußball gehören zusammen.

Der Besuch eines Fußballspiels – egal ob in der Kreisklasse oder im Fußballoberhaus – ist mit Ritualen verbunden. Dazu gehört unter anderem, vor dem Spiel, in der Halbzeit oder nach dem Abpfiff (oder auch zwischendurch) Bratwürste und Bier für den unmittelbaren Genuss zu erwerben. Das ist in der Regel kein Akt, den man allein vollzieht, sondern am besten mit Freunden und Gleichgesinnten. Essen, Trinken und Fußball verbinden. Auf dem Stehplatz genauso wie im Business-Seat auf der Ehrentribüne.

Fußball und die populäre Bratwurst gingen gemeinsam an den Start. Ende des 19. Jahrhunderts wurden in Deutschland die ersten Fußballvereine gegründet. Gleichzeitig erfasste die Industrialisierung die Fleischproduktion. Es wurde nicht mehr nur lokal, sondern vor allem, zumal in Großstädten, zentral geschlachtet. »Fleisch wird Massenware und damit bezahlbar«, stellt die Autorin Alina Schwermer fest. »Plötzlich gehört der Wurstverkäufer zum Straßenbild.« Und noch etwas verändert sich: Wohnen, Arbeit und Freizeit sind nicht mehr an einem Ort gebündelt wie noch Jahrzehnte zuvor. Menschen pendeln von den Mietskasernen in die Fabrik und sonntags ins Grüne. Es entsteht die Idee des mobilen Essens: food to go.

Bratwurst im Brötchen und Bier entstammen der Arbeiterernährung und Freizeitkultur. Die Restaurantkette der Brüder Aschinger hat in Berlin energiereiches und günstiges Essen populär gemacht. »In Aschingers Bierquelle am Bahnhof Friedrichstraße wurden morgens binnen Stun-

Ende des 19. Jahrhunderts wurden in Deutschland die ersten Fußballvereine gegründet. Gleichzeitig erfasste die Industrialisierung die Fleischproduktion.

denfrist bis zu 2000 belegte Brötchen verkauft«, schreibt der Kulturwissenschaftler Christian Kassung. »Von da«, so Schwermer, »wandert die Bratwurst, dieser boomende Snack, wohl auch in den Fußball.«

Dabei ist heute die Bratwurst nicht konkurrenzlos im Umfeld des Fußballs. Oft werden auch Currywurst, Pommes, Frikadellen, Fisch, Kuchen, Süßigkeiten oder anderes angeboten. Doch die Bratwurst ist *immer* im Angebot. Wo gibt es die beste Stadionwurst? Der Soziologe und Fußballfan Florian Renz hat versucht, dies mit Freunden in unzähligen Vor-Ort-Recherchen zu ermitteln. Über 120 Bratwursttests haben sie über mehrere Jahre zusammengetragen und auf der Website fussballwurst.de veröffentlicht.

Renz sagt: »Der Fußball hat sich in den letzten zwanzig Jahren so krass weiterentwickelt. Vielen Fans geht das viel zu schnell, alles rast, es ist nichts mehr, wie man das kennt. Die Wurst ist dagegen das Altbekannte, sie steht für

Tradition.« Schwermer interpretiert das so: »Eine Nostalgie-Erzählung, gepaart mit folkloristischem Antikapitalismus. Und eigentlich eine zutiefst ironische Wendung. Ein Produkt also, das ursprünglich wie kein anderes für Industrialisierung, rasanten gesellschaftlichen Wandel und Urbanität stand, steht nun für Konstanz, Tradition und Dorfplatz. Jenes Dorf, wo die Wurst als Freizeitgut viel später erst ankam. Und die Wurst selbst – ursprünglich ein Luxusgut, ein Zeichen des bürgerlichen Aufstiegs – steht für Bodenständigkeit und Arbeiterklasse.«

Der renommierte Autor unzähliger Fußballbücher Dietrich Schulze-Marmeling schreibt auf seiner Homepage: »Und den Samstagnachmittag verbringe ich häufiger im Stadion des mit dem Fahrrad erreichbaren SC Preußen Münster, Gründungsmitglied der Bundesliga. Der Fußball, der hier geboten wird, ist zwar selten ein Genuss und ziemlich weit von Johan Cruyff entfernt. Aber dafür geht es noch authentisch zu. Es gibt nur Bratwurst, Pommes und Bier – und das ohne Bezahlkarte.«

Der Fußball, auch der kommerzielle, hat immer noch die Kraft, unterschiedliche Gesellschaftsschichten zusammenzuführen. In der Freude (oder dem Leid) über das Spiel der eigenen Mannschaft sind die Besserverdiener und die weniger Vermögenden, die Kinder und Erwachsenen, die Frauen und Männer, die Einheimischen und Zugewanderten miteinander verbunden. Man hat eine gemeinsame Basis. Die Bratwurst ist eine ebensolche Grundlage. Darüber muss man nicht reden. Außer es gibt Kritik an der Qualität.

Renz und seine Mitstreiter haben bei ihren Stadionwurst-Ermittlungen in den oberen Ligen oft eine »einheitliche Industriewurst« wahrgenommen. Je niedriger die Spielklasse, umso mehr Geschmack und handgemachte Fleischerqualität, so die Beobachtung. Renz sagt auch: »Die Wurst ist ein totales Heimatsymbol.« Dabei ist die Stadionwurst eher im deutschsprachigen Raum vertreten. Und er stellt fest, bezogen auf Deutschland: »Im Süden schmeckt die Wurst besser.«

Was ist Renz nach drei Jahren Bratwursttesterei geblieben? »Die Gewissheit, dass zu jedem Fußballspiel drei Dinge gehören: gute Freunde, ein frisches Bier und vor allen Dingen – die gute Fußballwurst.« Und er hat erfahren, dass nicht alles, was wie eine Bratwurst aussieht, auch eine Bratwurst ist. Renz hat bei einem Fußballspiel in Kambodscha auf einem Holzkohlegrill gegarte Würste ausgemacht. Schon beim ersten Bissen stellte sich ein neues Geschmackserlebnis ein: Es handelte sich um Kochbananen.

Der Fußball, auch der kommerzielle, hat immer noch die Kraft, unterschiedliche Gesellschaftsschichten zusammenzuführen.

Die letzte Bratwurst vor Amerika

Auf der einzigen Zufahrtstraße zum Cabo de São Vicente, dem südwestlichsten Punkt Europas mit einem spektakulären Blick auf den Atlantik und dem stärksten Leuchtturm Europas, platzierte 1996 der Nürnberger Wolfgang Bald erstmals einen Grill und bot Bratwürste an. Um auf sich aufmerksam zu machen, stellte er zwei große Schilder auf: »Letzte Bratwurst vor Amerika« und in der Gegenrichtung »Erstes Schaschlik in Europa«. Schaschlik war wegen mangelnder Nachfrage bald nicht mehr im Angebot.

Im Jahr darauf erhielt Bald eine der begehrten Verkaufslizenzen für einen festen Stand an diesem Touristenmagneten. So richtig in Schwung kam das Geschäft, als der findige Unternehmer begann, seinen Kunden nach dem Verzehr kostenlose Zertifikate auszustellen, auf denen er den Besuch des Cabo de São Vicente bestätigte. Das Kap ist mit zwei Millionen Touristen das meistbesuchte Ausflugsziel an der Algarve.

Doch wie kam es zu dieser Geschäftsidee? Wolfgang Bald ist ein vielgereister Mann. Mit seiner Frau Petra war er mit dem Wohnmobil über Jahre hinweg in ganz Südeuropa unterwegs. Portugal hatte es den beiden besonders angetan: die Strände, das Meer, die unberührte Natur. Bald ist aber kein Freund von Fisch – dem vorwiegenden Nahrungsangebot rund um Sagres an der Algarve. Deshalb brachte er sich anfangs von zu Hause reichlich Bratwürste (in Dosen) mit. Sobald sie ihren Duft auf dem Grill verbreiteten, hatte er plötzlich viele Freunde am Campingplatz. Er wusste also: Die Würste kommen an.

Ende 1995 startete das Ehepaar, gerade um die 40 Jahre alt, ein anderes Leben in Portugal. Sie wollten sich eine neue Existenz aufbauen. Der Plan stand schon länger fest. Bald wollte ursprünglich weiter selbstständig als Computerfachmann arbeiten, doch schnell wurde ihm klar: »Geld ist hier nur im Tourismus zu verdienen.« Bei der Fahrt zum Strand kam ihm an einer bestimmten Straßenstelle der Gedanke: »Da gehört eine Bratwurstbude hin.« Die Idee war geboren.

Bei Bald gibt es Nürnberger Rostbratwürste, Thüringer Bratwürste, Bockwürste und fränkische Bratwürste. Die fränkischen werden von einem deutschen Metzger in Portugal nach einem 400 Jahre alten Rezept aus Franken hergestellt. Die anderen Würste bezieht Bald von großen Betrieben in Thüringen und Nürnberg. Wenn die Kühlspedition aus Deutschland liefert, heißt es für Bald: »Die erste Bratwurst gehört mir.« Nicht nur, weil er sich so sehr darauf freut. Es geht ihm auch immer um eine persönliche Qualitätskontrolle der Ware.

Balds Kunden sind nahezu ausschließlich Touristen aus aller Herren Länder, vor allem aus Europa. Im August, wenn die Spanier ihre Ferien im Nachbarland verbringen, sind sie deutlich in der Überzahl. Die Portugiesen, so Bald, haben kein gutes Verhältnis zur Bratwurst, weil in früheren Zeiten nicht immer das beste Ausgangsmaterial in heimischen Würsten verarbeitet worden sei. Nur jüngere Portugiesen hätten keine Vorbehalte mehr. Sonst machen deutsche Urlauber etwa die Hälfte der zahlenden Kunden aus.

Mit seinem Geschäft und seinem (längst geschützten) Werbespruch hat Wolfgang Bald einige mediale Aufmerksamkeit erzeugt. Seine Heimatstadt hat ihm 2005 als Botschafter der Nürnberger Bratwurst den 2. Nürnberger Bratwurstpreis verliehen. Dabei ist sein Imbisswagen an einem traumhaften Ort in Europa nur aus der Not entstanden – weil Bald keinen Fisch mag.

Herstellung der Würste

Jürgen Reck nennt seinen Betrieb im fränkischen Möhrendorf nahe Erlangen schlicht »Der Dorfmetzger«. Er ist der Tradition verbunden, und doch immer auf der Suche nach Neuem. Inzwischen ist der Metzgermeister und gelernte Koch hochdekoriert: Reck (im Bild auf Seite 86) ist unter anderem Fränkischer Bratwurstkönig, Europameister und seit 2022 Weltmeister der Metzger. Bei der »World Butchers' Challenge« im kalifornischen Sacramento hat er gemeinsam mit dem Nürnberger Teamchef Dirk Freyberger sowie vier Kolleginnen und Kollegen aus Bayern und Berlin den Titel errungen.

Recks Handwerk ist seine Passion, das Wurstmachen seine Spezialität. Die Bratwurst hat er zu seiner Herzenssache erklärt: Über 20 Neuschöpfungen hat er bislang entwickelt. Hervorragendes Fleisch ist für ihn die Voraussetzung für gelungene Endprodukte. Reck bezieht seine Schweine nur von heimischen Bauern seines Vertrauens. Der Genusshandwerker gibt in dieser Fotostrecke Einblick in die hauseigene Produktion Fränkischer Bratwürste und einer kleineren Variante (mit demselben Brät), die er einfach »Möhrendorfer Bratwurst« nennt.

Fränkische Bratwurst

Grundrezeptur nach Jürgen Reck

50 % Schweineschulter
15 % Schweinebacke
35 % Schweinebauch

Würzung pro Kilogramm Fleisch & Fett
16 g Kochsalz
3 g schwarzer Pfeffer
2 g gemahlene Muskatnuss
1 g Macisblüte
1–2 g gemahlener Koriander
Evtl. Ei und Zitronenabrieb

Die Vielfalt der Bratwurst

Jede Bratwurst ist anders. »Die« Bratwurst gibt es nicht. Eine jede ist Ergebnis einer individuellen Rezeptur, die manchmal schon über Generationen hinweg weitergegeben, manchmal aber auch jüngst entwickelt wurde. Der Bratwurst haben der herstellende Metzger oder die Metzgerin schon viel Aufmerksamkeit entgegengebracht, ehe sie in der Küche landet. Mit diesem Wissen im Hinterkopf gilt es, die Bratwurst mit gebührender Wertschätzung zuzubereiten.

Die Bratwurst weist eine ungeheure Bandbreite auf. In meinen Rezepten spanne ich den Bogen von einfach (und schnell) über geliebte Klassiker, regionale Spezialitäten und internationale Gerichte bis hin zu »kreativen« Bratwürsten und ihren raffinierten Begleitern. Die Bratwurst, so würde man im Sport sagen, hat Potenzial.

Bei bei dem ein oder anderen Rezept findet sich ein Hinweis auf eine ganz bestimmte Bratwurst. Sie können aber auch selbst variieren und die in einem Gericht genannte Bratwurst durch eine andere ersetzen. Im besten Fall entstehen beim Nachkochen und Ausprobieren neue Geschmackserlebnisse – denn es geht meist um die Kombination der Bratwurst mit anderem. Natürlich ist der Eigengeschmack der Bratwurst, bestimmt durch das Ausgangsmaterial (vom Schwein, Kalb, Wild oder sogar Fisch), die Gewürze und die Konsistenz, von großer Bedeutung.

In den Rezepten spiegeln sich gewisse regionale Prägungen und Vorlieben. Die Bratwurst ist fast überall auf der Welt zu Hause, weshalb sich in diesem Buch auch einige Rezepte mit Bratwürsten einer ganz bestimmten Herkunft finden, unter anderem aus der Schweiz, England, dem Baskenland, Italien oder Nordafrika.

Die Rezepte lassen die Vielfalt und zeitlose Modernität der Bratwurst lebendig werden. In manchen Gerichten kann sie die erste Geige spielen, in manchen nimmt sie sich zurück und harmoniert partnerschaftlich mit anderen Komponenten auf dem Teller. Die Anpassungsfähigkeit der Bratwurst ist schier endlos – in welchem Aggregatszustand auch immer. Viel Spaß beim Entdecken und der Zubereitung!

Manuel Kohler

Esskultur mit Brötchen

Das grässliche Wort »Fastfood« hat im deutschen Sprachraum längst Einzug gehalten, aber den schnellen Imbiss mit der Wurst in der Semmel gab es schon viele Jahrzehnte zuvor. Eine erste Begegnung damit hat wahrscheinlich jeder erlebt, wenn einem eine Bratwurst, in ein Brötchen eingeklemmt und mit Senf garniert, in die kindliche Hand gedrückt wurde. Diese Darreichungsform begleitet uns das ganze Leben: auf dem Fußballplatz, in der Fußgängerzone, auf der Kirmes, auf dem Weihnachtsmarkt oder an der Imbissbude in der Mittagspause.

Mit dem Brötchen und der Bratwurst vermählen sich zwei »Urgesteine« der Esskultur: Brot (in seiner verkleinerten Form) und eine durch Zivilisationstechniken immer weiter entwickelte und verfeinerte Bratwurst. Jede Gegend weist ihre Besonderheit auf. Natürlich bei den Würsten, aber auch bei den Backwaren. Mal ist die Wurst lang, mal kürzer. Mal hat das Brötchen eine Kerbe oder auch mehrere. Mal ist es länglich, mal ist es rund. Auch die Bezeichnungen ändern sich von Region zu Region, etwa: Semmel, Kaisersemmel, Weck(en), Schrippe, Kipf, Seele, Rundstück oder Stollen. Es gibt eine Vielzahl weiterer Begriffe.

Nicht nur für die Bratwurst gilt, dass sie hervorragende Ausgangsprodukte braucht. Auch das sie umschließende Backwerk muss Qualität haben. Beim Verzehr kommt es auch darauf an, dass das Brötchen warm und schön kross daherkommt – gute Verkäufer achten darauf. Dann kann sogar die kleine Mahlzeit zwischendurch zum großen Vergnügen werden.

Thüringer

Bayreuther

Fränkische Grobe

Coburger

Nürnberger

Würzburger Geknickte

Imbisse & Vorspeisen

Bauarbeiterfrühstück

Kräftig, deftig und es schmeckt nicht nur Bauarbeitern: Das einfachste Frühstück ist manchmal das beste der Welt. Geeignet auch zum Vespern zwischendurch.

Zubereitung

Die Zwiebel in feine Ringe schneiden. Die Laugenstange längs halbieren, das frische Bratwurstgehäck dick aufstreichen, mit Zwiebelringen belegen und die Oberseite der Stange wieder auflegen.

Zutaten für 1 Person

1 kleine Zwiebel
1 Laugenstange
100 g Bratwurstgehäck
(rohes Bratwurstbrät)

Kartoffelsuppe mit Chorizo & gebackenem Blumenkohl

Die spanische Chorizo entwickelt ihre volle Aromatik, wenn man sie aus der Pelle holt und knusprig anbrät. Damit wird sie zur perfekten Einlage für die cremige Kartoffelsuppe. Zusammen mit dem würzigen Blumenkohl ein Gedicht!

Zutaten für 4 Personen

1 kg mehligkochende Kartoffeln
200 g Knollensellerie
3 Zwiebeln
3 EL Butter
2 Stängel Majoran
3 Lorbeerblätter
1 TL Kümmelsamen
2 frische Chorizo-Würste
200 g Sahne
frisch gemahlene Muskatnuss
Salz und schwarzer Pfeffer aus der Mühle

Für den überbackenen Blumenkohl
1 kleiner Blumenkohl
Salz
4 Scheiben Raclette-Käse oder ein anderer würziger Käse

Zubereitung

Für die Suppe Kartoffeln, Sellerie und Zwiebeln schälen und in grobe Stücke teilen. Die Butter in einem Topf aufschäumen lassen und das Gemüse kurz andünsten. Mit reichlich kaltem Wasser auffüllen, sodass das Gemüse gut bedeckt ist. Kräuter und Gewürze zugeben und bei mittlerer Hitze köcheln lassen.

Die Chorizo aus der Pelle drücken und in einer Pfanne bei kleiner Hitze und ohne Zugabe von Fett unter gelegentlichem Rühren knusprig rösten. Das Wurstbrät sollte dabei zerfallen.

Wenn die Kartoffeln weich sind, die Lorbeerblätter herausnehmen und die Suppe mit einem Stabmixer pürieren. Sahne und nach Belieben noch etwas Wasser zugeben und mit Salz, Pfeffer und Muskat abschmecken.

Den Backofen auf 220 °C (Grillstufe) vorheizen.

Den Blumenkohl im Ganzen in reichlich kochendes Salzwasser legen und bei kleiner Hitze 4 Minuten abgedeckt ziehen lassen. Herausnehmen, abtropfen lassen und in Röschen teilen. In eine ofenfeste Form geben und mit dem Käse belegen. Unter dem heißen Backofengrill einige Minuten bräunen.

Ein paar Blumenkohlröschen auf Teller verteilen, die Suppe dazugießen und mit der knusprigen Chorizo und etwas ausgetretenem Fett garnieren.

Pastete mit viererlei Würsten

Angelehnt an die französische Pâté en croûte kommt diese Bratwurst-Pastete im Teigmantel daher. Die vier verschiedenen Würste bilden eine Füllung mit farblicher Musterung, bei der Sie Ihrer Kreativität freien Lauf lassen können. Noch besser wird das Ganze mit einer Haube aus Portweingelee. Einen Tag vor dem Verzehr zubereiten!

Zutaten für 4 Personen

Für den Teig
150 g kalte Butter
300 g Mehl (Type 405), plus mehr zum Arbeiten
1 Bio-Ei
1 Prise Salz

Für die Füllung
4 Salsiccia-Würste
2 feine Bratwürste
3 grobe Bratwürste
2 Wollwürste

Für das Portweingelee
5 Blatt Gelatine
400 ml Fleischbrühe
100 ml roter Portwein
Salz

Zubereitung

Für den Teig die Butter fein würfeln, mit Mehl, Ei und Salz rasch zu einem Mürbteig verkneten. Wenn er nicht richtig zusammenhält, 1–2 EL kaltes Wasser untermengen. Etwa 1 Stunde kalt stellen.

Für die Füllung die Salsiccia der Länge nach halbieren und die Haut abziehen. Grobes sowie feines Bratwurstbrät aus dem Darm drücken und separat durchkneten, sodass die Massen geschmeidig werden. Die Wollwürste ganz lassen.

Den Teig auf der leicht bemehlten Arbeitsfläche 4 mm dick ausrollen und eine Pastetenform (ca. 30 cm x 5 cm) oder eine ähnlich große Kastenform damit auslegen. Der Teig sollte an allen Seiten 2–3 cm über den Rand hängen; es muss noch ausreichend Teig für den Deckel vorhanden sein. Den Backofen auf 150 °C (Ober-/Unterhitze) vorheizen.

Mit dem feinen Bratwurstbrät die Seiten und den Boden der Pastete bedecken, 4 Salsiccia-Hälften nebeneinander auf das Brät drücken und alles mit etwas grobem Brät auffüllen. Dabei darauf achten, dass keine Hohlräume entstehen. Die Wollwürste mittig platzieren. Mit übrigem grobem Brät auffüllen und die restliche Salsiccia obenauf legen und andrücken. Den überstehenden Teig darüberklappen und an den Enden zusammendrücken. Zwei Löcher in den Deckel der Pastete schneiden, durch die beim Backen Dampf austreten kann. Mindestens 40 Minuten in den Ofen geben, bis der Teig goldbraun ist. Herausnehmen und vollständig abkühlen lassen.

Für das Portweingelee die Gelatine in etwas kaltem Wasser 10 Minuten einweichen. In der Zwischenzeit die Fleischbrühe aufkochen, den Portwein zugeben und die ausgedrückte Gelatine einrühren. Mit Salz abschmecken und den Sud sofort über die beiden Löcher in die Pastete füllen. Kalt stellen und vor dem Verzehr 1 Tag ruhen lassen. Dann vorsichtig aus der Form lösen und die Pastete in Scheiben geschnitten servieren. Sie hält sich einige Tage im Kühlschrank.

Bratwurst-Sülze mit Radieschensalat

Wenn nach der Grillparty ein paar Bratwürste übrig sind, eignet sich dieses Gericht wunderbar als Resteverwertung. Noch dazu sehen die Würste »in Aspik« aufgeschnitten einfach besonders hübsch aus. Zusammen mit den knackigen scharfen Radieschen ergibt sich so eine wunderbare Vesper für einen heißen Sommertag.

Zutaten für 4 Personen

6 gebratene grobe Bratwürste vom Vortag
12 gebratene Nürnberger Rostbratwürste vom Vortag

Für die Sülze
12 Blatt Gelatine
5 Wacholderbeeren
2 Lorbeerblätter
2 Pimentkörner
750 ml klare Fleischbrühe
4 Zwiebeln
250 ml Rotweinessig
Salz und schwarzer Pfeffer aus der Mühle
1 EL Zucker

Für den Salat
2 Bund junge Radieschen
2 EL Rotweinessig
3 EL Traubenkernöl
Salz

Zubereitung

Die Bratwürste alternativ frisch braten und vor der Verwendung vollständig abkühlen lassen.

Für die Sülze die Gelatine 10 Minuten in reichlich kaltem Wasser einweichen. Gewürze und Fleischbrühe in einem Topf vermengen und aufkochen. Die Zwiebeln fein würfeln, dazugeben und etwa 5 Minuten garen. Vom Herd nehmen und den Essig hineingießen. Kräftig mit Salz und Pfeffer abschmecken. Die Gelatine ausdrücken und in dem Sud auflösen. Zwiebeln und Gewürze abseihen, den Sud dabei auffangen. Die Zwiebeln beiseitestellen, die Gewürze entsorgen.

Wie viel Sud nun gebraucht wird, hängt von der Größe der Sülzenform ab. Nach Bedarf eingießen, bis die Form gefüllt ist. Den Boden der Sülzenform mit etwa 5 mm Sud bedecken und kalt stellen, bis die Schicht fest ist. Dann die gekochten Zwiebeln darauf verteilen und mit so viel Sud auffüllen, bis die Zwiebeln gerade eben bedeckt sind. Wieder kalt stellen, bis die Masse geliert. Währenddessen den Sud im Topf mindestens bei Zimmertemperatur aufbewahren.

Nun die Bratwürste gleichmäßig längs darauflegen und dabei versuchen, ein schönes Schneidemuster zu erzeugen. Den restlichen Sud daraufgießen, sodass alle Würste bedeckt sind, und die Sülze über Nacht kalt stellen.

Am nächsten Tag die Radieschen gründlich putzen, dabei ggf. junge Blätter nicht entfernen. Die Radieschen vierteln und unmittelbar vor dem Servieren mit Essig, Öl und Salz marinieren.

Die Sülze in der Form in Scheiben schneiden, vorsichtig herauslösen und zu den Radieschen servieren.

Nürnberger Grillspießle

Bratwürste gehören zu jedem Gartenfest. In diesem Rezept ergänzen wir die Würstchen mit Gemüse und Bauchspeck und stecken alles auf Spieße – so entsteht eine schmackhafte, saftige Mischung. Dazu gibt es frischen Coleslaw.

Zutaten für 4 Personen

150 ml Milch
1 Prise frisch geriebene Muskatnuss
1 TL Kümmelsamen
1 Knoblauchzehe
2 fingerdicke Scheiben Bauchspeck
1 große Zwiebel
1 Paprikaschote
12 Nürnberger Bratwürste

Für den Coleslaw
1 kleiner Spitzkohl
1 Karotte
200 g Crème Fraîche
1 TL scharfer Senf
Salz und schwarzer Pfeffer aus der Mühle

Zubereitung

Zwölf Schaschlikspieße in etwas Wasser legen, so verbrennen sie später auf dem Grill nicht so schnell.

Die Milch in einem Topf mit den Gewürzen aufkochen, die Knoblauchzehe und die Bauchscheiben hinzufügen und bei kleiner Hitze reduzieren.

Die Zwiebel vierteln und in Segmente zerteilen. Die Paprika vom Kerngehäuse befreien und in gleichmäßig große Stücke schneiden.

Wenn die Milch nahezu ganz reduziert ist, den Bauch herausnehmen und in 12 Stücke teilen.

Zwiebelstücke, Paprika und je 1 Würstchen sowie 1 Bauchstück auf die eingeweichten Schaschlikspieße stecken. Auf einem Teller beiseitestellen, während der Salat zubereitet wird.

Hierfür den Spitzkohl vom Strunk befreien und zusammen mit der geschälten Karotte in sehr feine Streifen schneiden. Ggf. einen Gemüsehobel zu Hilfe nehmen. Das Gemüse mit 2–3 Prisen Salz in einer Schüssel verkneten, bis der Kohl etwas weicher wird. Senf und Crème Fraîche unterrühren und zum Schluss mit Salz und Pfeffer abschmecken.

Die Spieße auf einem Holzkohlegrill oder in einer Grillpfanne rundherum goldbraun und knusprig braten. Den Coleslaw dazuservieren.

Curry-Wollwurst

Die Currywurst ist fester Bestandteil der deutschen Imbisskultur. Wird das Gericht am heimischen Herd zubereitet, kann man die Sauce ganz nach eigenem Gusto abschmecken und gleich eine größere Menge davon in Gläsern einwecken. So ist man stets für ein Currywurst-Gelüst gewappnet.

Zutaten für 4 Personen

4 Wollwürste
Öl zum Braten

Für die Currysauce (ergibt ca. 2 l)

5 rote Zwiebeln
Sonnenblumenöl zum Braten
2 Äpfel
2 Knoblauchzehen
1 Chilischote
1 EL Paprikapulver
4 EL Currypulver (nach Belieben fruchtig oder scharf oder beides)
200 g Tomatenmark
100 ml Apfelessig
1,6 kg passierte Tomaten
3 EL brauner Zucker
3 Pimentkörner
5 Pfefferkörner
1 EL Senfkörner
2 Sternanis
1 kleine Zimtstange
1 daumendickes Stück Ingwer
1 EL Worcestersauce
Saft von 1 Zitrone
Apfelsaft nach Bedarf

Zubereitung

Die Zwiebeln in grobe Stücke schneiden und in einem großen Topf in etwas Sonnenblumenöl anschwitzen. Die Äpfel vierteln und vom Kerngehäuse befreien. Die Knoblauchzehen abziehen und die Chilischote entstielen. Alles zu den Zwiebeln geben. Sobald sie glasig sind, Paprika- und Currypulver sowie Tomatenmark hinzufügen. Etwa 5 Minuten rösten, dann mit dem Essig ablöschen und die passierten Tomaten hineingießen. Zucker, Gewürze, Ingwer, Worcestersauce und Zitronensaft einrühren und alles für 2–3 Stunden bei kleinster Hitze halb abgedeckt auf dem Herd köcheln lassen. Alternativ 2–3 Stunden bei 150 °C in den Ofen geben.

Sternanis und Zimtstange herausnehmen, dann die Sauce fein pürieren. Geschmack und Konsistenz prüfen und nach Belieben nachwürzen oder mit 1 Schuss Apfelsaft verdünnen. Ist die Sauce zu dünn, noch etwas länger reduzieren.

Die benötigte Saucenmenge für die Currywurst abnehmen und vor dem Verzehr noch 1 Tag ziehen lassen. Die restliche Sauce entweder heiß in sterilisierte Gläser abfüllen und stürzen (hält sich so etwa 2–3 Wochen im Kühlschrank) oder einwecken (hält sich mehrere Monate).

Am nächsten Tag die Wollwürste in einer Pfanne rundherum in etwas Öl anbraten, in Stücke schneiden und auf Teller verteilen. Mit der zuvor erhitzten Currysauce übergießen. Klassische Beilagen sind Pommes, Mayonnaise, geröstete Zwiebeln oder eine Semmel.

Käsekrainer

Diesen Imbiss am besten im Stehen an einer Bude mit einer Dose Bier genießen – so wird es zumindest in Wien gemacht, der Heimatstadt der Käsekrainer (dort auch gerne »Eitrige« genannt).

Zutaten für 4 Personen

1 Meerrettichwurzel
1 Schuss Apfelessig
Salz
4 Käsekrainer
4 Scheiben frisches Schwarzbrot
mittelscharfer Senf zum Servieren

Zubereitung

Den Meerrettich putzen und grob raspeln. Mit etwas Essig und 1 Prise Salz vermengen und in einen verschließbaren Behälter geben. So hält er sich einige Wochen im Kühlschrank.

Die Würste bei niedriger bis mittlerer Temperatur rundherum anbraten. (Hierbei ist etwas Vorsicht geboten, da sie gelegentlich mit heißem Käse und Fett um sich spritzen.)

Die Käsekrainer in mundgerechte Stücke schneiden und mit Senf, Meerrettich und Schwarzbrot servieren.

Bratwurst-Fritto-Misto

Ein bunter Mix aus knusprig frittierten Köstlichkeiten – rote Zwiebeln, kleine Bratwürste und süßsaure Äpfel. Dazu eine pikante Meerrettich-Mayonnaise und grobes Meersalz on top, und fertig ist die salzig-süße Verführung.

Zutaten für 4 Personen

1 rote Zwiebel
1 süßsaurer Apfel (z. B. Boskop)
1 l Bratöl
4 Nürnberger Bratwürste

Für den Teig
35 g Weizenmehl (Type 550), plus mehr zum Mehlieren
65 g Reismehl
1 TL Backpulver
1 Prise Salz
1 TL Honig
100 ml Weißbier
50 ml Wodka

Für die Meerrettich-Mayonnaise
1 Bio-Eigelb
1 EL heller Essig
1 TL mittelscharfer Senf
100 ml Öl
30 g Meerrettich (aus dem Glas)

Zubereitung

Zuerst den Teig vorbereiten. Hierfür Mehl, Reismehl, Backpulver und Salz in einer Schüssel vermengen, anschließend gut mit den restlichen Teig-Zutaten verrühren. Beiseitestellen und bis zur weiteren Verwendung ruhen lassen.

Für die Meerrettich-Mayonnaise Eigelb, Essig und Senf in einer Schüssel mit einem Schneebesen verquirlen. Das Öl langsam hineintröpfeln, dabei stetig weiterrühren. Wenn die Masse cremig ist, den Meerrettich unterheben.

Die Zwiebel auf einer Seite vom Strunk befreien, schälen und so in Spalten schneiden, dass der Wurzelansatz die Zwiebelsegmente zusammenhält. Den Apfel vierteln und von Stiel und Kerngehäuse befreien. Die Viertel quer halbieren, sodass mundgerechte Stücke entstehen.

Das Bratöl in einem großen Topf auf 180 °C erhitzen. (Der Topf sollte ausreichend groß sein für Gargut und blubberndes Fett. Am besten mit einer Schaumkelle und einer langen Zange arbeiten, um Verbrennungen zu vermeiden.) Das Fett hat die richtige Temperatur, wenn sich um einen Tropfen Teig Bläschen bilden. Fängt es an zu rauchen, ist es zu heiß.

Auf einem großen Teller mehrere Lagen Küchenpapier aufeinanderlegen und etwas Weizenmehl auf einem kleinen Teller verteilen.

Zwiebel, Apfelstücke und Würste nacheinander in etwas Weizenmehl wenden, durch den Teig ziehen und portionsweise ins heiße Fett gleiten lassen. Für etwa 2–3 Minuten frittieren, dabei immer wieder wenden. Wenn der Teig eine goldgelbe Farbe angenommen hat, Gemüse und Würste mit einer Schaumkelle herausheben und zum Abtropfen auf das Küchenpapier geben. Das Fritto Misto etwas salzen und noch heiß mit der Meerrettich-Mayo servieren.

Klassiker & regionale Spezialitäten

Kümmelkipf

Eine Bratwurst im Brötchen ist eigentlich der ideale Imbiss – jedoch nur, wenn das Duo in seiner Qualität überzeugen kann. Dafür braucht es nicht nur eine sehr hochwertige und gut zubereitete Bratwurst, sondern auch das richtige Brötchen. Am besten passen dazu kleine runde Kipfe mit einer Extraportion Kümmel.

Ergibt ca. 12 Kipfe

Für den Vorteig
80 g Weizenmehl (Type 550)
4 g Frischhefe

Für den Hauptteig
500 g Weizenmehl (Type 550), plus mehr zum Arbeiten
1 Portion Vorteig
10 g Salz
1 EL Kümmelsamen

Zubereitung

Den Vorteig ca. 12 Stunden vor dem eigentlichen Backen ansetzen, zum Beispiel am Abend zuvor. Hierfür das Weizenmehl mit 80 ml handwarmem Wasser und der darin aufgelösten Hefe glatt rühren. 1–2 Stunden bei Zimmertemperatur stehen lassen, dann abgedeckt in den Kühlschrank stellen.

Nach etwa 12 Stunden das Mehl für den Hauptteig mit 350 ml warmen Wasser und dem Vorteig etwa 10 Minuten lang verkneten. 20 Minuten abgedeckt ruhen lassen. Salz, Kümmel und weitere 1–2 EL warmes Wasser hinzugeben und nochmal 10 Minuten kneten. 90 Minuten abgedeckt ruhen lassen, dann den Teig vorsichtig auf die leicht bemehlte Arbeitsplatte stürzen. Ein Backblech mit Backpapier belegen.

80–90 g schwere Teiglinge abstechen, in der hohlen Hand rundwirken und auf das Backblech setzen. So verfahren, bis der Teig aufgebraucht ist. Die Teiglinge nochmals 30 Minuten abgedeckt ruhen lassen. Den Backofen auf 230 °C (Ober-/Unterhitze) vorheizen.

Wenn man leicht mit einem Finger hineindrückt und sie nicht wieder ihr ursprüngliche Form annehmen, der Oberfläche mit einem Rasiermesser oder einem sehr scharfen Küchenmesser einen ca. 2–4 cm lang Schnitt zufügen. In den Ofen geben und ca. 15 Minuten backen, bis die Kipfe eine goldbraune Farbe angenommen haben.

Aus dem Ofen holen und die heißen Brötchen mit etwas Wasser besprühen oder bepinseln. Vor dem Anschneiden noch etwas auskühlen lassen.

Werden nicht alle Semmeln benötigt, ein paar davon bereits nach 10 Minuten aus dem Ofen holen und nach dem vollständigen Abkühlen einfrieren.

Grobe Bratwurst mit weißem Spargel

Ein Klassiker zur Spargelzeit. Die frischen groben Bratwürste sind der perfekte Kontrast zum edlen Gemüse; dazu noch Pellkartoffeln und ordentlich Butter, und man wünscht sich, der Frühsommer würde niemals vorbeigehen.

Zutaten für 4 Personen

600 g Kartoffeln
1 EL Kümmelsamen
2 kg weißer Spargel
1 Bund Schnittlauch
Salz
Saft von 1 Zitrone
500 g Butter
1 gute Prise Zucker
8 grobe Bratwürste
Öl zum Braten

Zubereitung

Die Kartoffeln waschen, in einem Topf mit kaltem Wasser bedecken, Kümmel zufügen und gar kochen.

Den Spargel putzen und sorgfältig schälen. Den Schnittlauch in feine Röllchen schneiden. Einen ausreichend großen Topf Salzwasser zum Kochen bringen. Zitronensaft, 2 EL Butter und Zucker dazugeben. Die Spargelstangen hineinlegen, mit einem Teller beschweren und die Herdplatte ausschalten. Ziehen lassen, bis er weich ist. Je nach Dicke des Spargels und gewünschtem Biss, kann die Gardauer stark variieren.

Die Kartoffeln abgießen und etwas ausdampfen lassen. Pellen und mit 3 EL Butter in einer tiefen Pfanne bei hoher Temperatur erhitzen. Wenn die Butter aufschäumt, etwas Spargelfond dazugießen und durchschwenken.

In einer zweiten Pfanne die Bratwürste in etwas Öl rundherum anbraten. Die restliche Butter in einem kleinen Topf schmelzen.

Den Spargel auf Teller verteilen, mit etwas Butter beträufeln und mit Schnittlauchröllchen bestreuen. Kartoffeln und Würste dazuservieren und heiß genießen.

Fränkische Bratwurst mit Kartoffel-Apfel-Stampf & süßen Zwiebeln

Dieses fruchtig-würzige Gericht schmeckt vor allem an einem sommerlichen Abend köstlich und würde sogar ohne die Bratwurst funktionieren (was natürlich niemand will).

Zutaten für 4 Personen

2 Zwiebeln
800 g festkochende Kartoffeln
1 EL Sonnenblumenöl
4 grobe Fränkische Bratwürste
Saft von ½ Zitrone
500 g saure Frühäpfel (z. B. Kornapfel)
Salz

Zubereitung

Die Zwiebeln vierteln, putzen und in einzelne Segmente zerlegen. Die Kartoffeln schälen, in dicke Scheiben schneiden und in einem Topf knapp mit Wasser bedecken. Offen zum Kochen bringen.

Eine Stahlpfanne bei mittlerer Temperatur erhitzen. Sobald die Pfanne heiß ist, Öl und Zwiebeln hineingeben und durchschwenken. Die Würste hinzufügen und die Hitze etwas reduzieren. Einige Minuten bräunen, dabei regelmäßig wenden.

In einer Schale 100 ml Wasser mit dem Zitronensaft vermengen. Die Äpfel schälen, vierteln, putzen und in das Zitronenwasser gleiten lassen. Wenn die Kartoffelscheiben noch bissfest sind, die Apfelviertel dazugeben. So lange kochen, bis das Wasser fast verdunstet ist und Obst und Gemüse weich sind. Alles durch eine Flotte Lotte geben oder mit einem Kartoffelstampfer zu einem Püree verarbeiten.

Den heißen Stampf mit Salz abschmecken, auf vorgewärmte Teller verteilen, die Wurst daraufsetzen und mit den Zwiebeln garnieren.

Sechs auf Kraut

Keine Bratwurst ohne Kraut – eine der goldenen Regeln in Franken. Für das Sauerkraut wird zerkleinerter Weißkohl direkt nach der Ernte mit Salz und Gewürzen eingelegt. So erhält man nach ein paar Wochen Fermentationszeit eine nahrhafte und aromatische Vitaminbombe für den Winter.

Zutaten für 4 Personen

2 große Zwiebeln
1 EL Butter
150 ml Weißwein
1 kg Sauerkraut (entweder gekauftes oder selbst gemachtes, s. Tipp)
Salz
Zucker
24 Nürnberger Rostbratwürste
4 Scheiben fränkisches Gewürzbrot zum Servieren
mittelscharfer Senf zum Servieren

Zubereitung

Die Zwiebeln in feine Streifen schneiden. In einem Topf 3 Minuten in der Butter anschwitzen und mit Weißwein ablöschen. Das Kraut zugeben und ca. 20 Minuten abgedeckt köcheln lassen. Nach Belieben mit Salz und Zucker abschmecken.

Die Würstchen in einer Grillpfanne rundherum anbraten. Das Kraut auf vier Teller verteilen und jeweils 6 Nürnberger darauf anrichten. Dazu fränkisches Gewürzbrot und reichlich Senf servieren.

Tipp:
Für echtes fränkisches Sauerkraut 2 große Köpfe Spitzkohl vom Strunk befreien und die Blätter in feine Streifen hobeln. Das Kraut abwiegen: Pro Kilogramm Kohl 20 g Salz veranschlagen. In einer Schüssel mit dem Salz gut verkneten, sodass mit der Zeit reichlich Saft austritt. Nach Belieben Kümmelsamen, Wacholderbeeren und Lorbeerblätter untermengen und das Kraut mit viel Druck in ein großes oder zwei kleinere sterilisierte Einmachgläser schichten. Die Lake muss das Kraut stets vollständig bedecken. Am besten mit einem schweren sterilisierten Gegenstand beschweren. Bei Raumtemperatur (18–21 °C) 2 Wochen fermentieren. Kosten, ob es sauer genug ist, dann entweder weiter fermentieren lassen oder kochen.

Blaue Zipfel

Blaue Zipfel sind eine fränkische Spezialität, deren Name von der leichten Blaufärbung der Würste nach dem Sieden kommt. Sie sind auch als Saure Zipfel bekannt, da sie in einem Essigsud zubereitet werden. Das Gericht wird gerne unterschätzt, wer es aber einmal probiert hat, kann nicht genug davon bekommen.

Zutaten für 4 Personen

4 große grobe Fränkische Bratwürste
4 kleine grobe Fränkische Bratwürste

Für die Kümmelkartoffeln
12 festkochende Kartoffeln
Salz
4 EL Butter
1 EL Kümmelsamen

Für den Sud
700 g Zwiebeln
100 g Karotten
Öl zum Braten
6 weiße Pfefferkörner
4 Gewürznelken
½ TL Dillsamen
1 TL Senfkörner
3 Lorbeerblätter
4 Wacholderbeeren
500 ml Weißwein
200 ml Weißweinessig
Salz
Zucker
1 EL Speisestärke
1 Bund Petersilie

Zubereitung

Die Kartoffeln pellen und in Salzwasser gar kochen.

In der Zwischenzeit für den Sud die Zwiebeln in Streifen oder Ringe schneiden, Karotten schälen und in feine Scheiben hobeln. Etwas Öl in einem Topf bei mittlerer Temperatur erhitzen und Zwiebeln sowie Karotten darin glasig andünsten. Gewürze zugeben, mit Weißwein, Essig sowie 1 l Wasser auffüllen und mindestens 30 Minuten abgedeckt köcheln lassen, bis die Zwiebeln weich sind.

Die Kartoffeln abgießen und etwas ausdampfen lassen. Die Butter mit dem Kümmel in einer Pfanne bei mittlerer Temperatur erhitzen und die noch heißen Kartoffeln einige Minuten anrösten.

Den Sud mit Salz, Zucker und evtl. mehr Essig abschmecken. Die in etwas kaltem Wasser aufgelöste Stärke unter Rühren in den Sud geben und weitere 5 Minuten köcheln lassen. Dann die Würste und die Petersilie hineinlegen, die Herdplatte ausschalten und den Deckel auflegen.

Wenn die Würste heiß sind, die Kartoffeln leicht salzen und in vier Schälchen verteilen. Je zwei Würste mit reichlich Sud dazuservieren.

Bratwurstschnecke mit Kartoffelsalat

Der beste Kartoffelsalat wird aus mehligkochenden Kartoffeln und – nach Omas Art – mit Zwiebelsud und Senf zubereitet. Mit den richtigen Kartoffeln gelingt die himmlische Beilage immer, und stiehlt der Bratwurstschnecke fast die Show.

Zutaten für 4 Personen

100 ml Milch
1 Prise frisch geriebene Muskatnuss
4 kleine Bratwurstschnecken

Für den Kartoffelsalat
1 kg mehligkochende Kartoffeln
3 EL Senfkörner
500 ml Gemüsebrühe
3 Zwiebeln
2 EL Dijonsenf
3 EL heller Essig
Salz und schwarzer Pfeffer aus der Mühle
3 EL Sonnenblumenöl
1 Bund Schnittlauch

Zubereitung

Die Milch in einem Topf mit dem geriebenen Muskat aufkochen. Die Bratwurstschnecken hineinlegen, die Herdplatte ausschalten und alles abgedeckt ziehen lassen.

Für den Kartoffelsalat die Kartoffeln waschen und in der Schale gar kochen.

Die Senfkörner in einem kleinen Topf in etwas Wasser aufkochen, anschließend abseihen und beiseitestellen. Im selben Topf die Brühe zum Kochen bringen. Die Zwiebeln fein würfeln und zusammen mit den Senfkörnern hinzufügen. Nochmals aufkochen und abgedeckt beiseitestellen.

Wenn die Kartoffeln gar sind, das Wasser abgießen und die Kartoffeln kurz ausdampfen lassen. Noch warm pellen und über einer Schüssel in feine Scheiben schneiden. Nach und nach mit der warmen Brühe begießen und mit Senf, Essig, Salz und Pfeffer abschmecken. (Die Kartoffeln saugen einiges an Flüssigkeit.) Das Öl gut untermengen.

Die Schnecken aus der Milch heben, abtropfen lassen und in einer Grillpfanne bei hoher Temperatur 1–2 Minuten von beiden Seiten anbraten. Auf Tellern platzieren und den Salat danebensetzen. Die Milch entsorgen.

Den Schnittlauch in feine Röllchen schneiden und über den Kartoffelsalat streuen.

Wildschweinbratwurst mit Biersauce & Brezenknödeln

Dieses Gericht ist ideal nach einem langen Tag in der Natur. Die deftige Zwiebel-Bier-Sauce stärkt, die Brezenknödel sättigen und die groben Wildschweinbratwürste sorgen für ein kräftiges Aroma. Außerdem gehen Knödel einfach immer, wieso also nicht gleich ein paar mehr machen und für ein weiteres Gericht verwenden?

Zutaten für 4 Personen

8 grobe Wildschweinbratwürste
Öl zum Braten

Für die Zwiebel-Bier-Sauce

4 weiße Zwiebeln
2 EL Butter
1 TL Kümmelsamen
2 Lorbeerblätter
5 Pfefferkörner
3 Pimentkörner
2 EL süßer Senf
500 ml Malzbier
500 ml dunkles Bier
2 EL Cognac
2 EL Speisestärke

Für die Brezenknödel

6 Brezen vom Vortag
300 ml Milch
1 Zwiebel
½ Bund Petersilie
1 EL Butter
3 Bio-Eier
Salz und schwarzer Pfeffer aus der Mühle
frisch geriebene Muskatnuss

Zubereitung

Die Zwiebeln für die Sauce fein würfeln. Mit der Butter in einem Topf bei mittlerer Temperatur unter ständigem Rühren braten. Wenn die Zwiebeln schön dunkelbraun sind, die Gewürze und den süßen Senf zugeben und kurz anschwitzen. Mit dem Bier ablöschen und die Sauce auf der niedrigsten Stufe abgedeckt köcheln lassen.

Während die Sauce kocht, die Brezenknödel vorbereiten. Hierfür die Brezen in dünne Scheiben schneiden und in eine Schüssel geben. Die Milch aufkochen, über die Brezen gießen und etwa 10 Minuten abgedeckt ziehen lassen.

Die Petersilienblättchen von den Stängeln streifen und fein hacken. Die Zwiebel in feine Würfel schneiden und in einer Pfanne in der Butter anschwitzen. Wenn sie glasig ist, die Petersilie unterrühren und zu den Brezenscheiben geben.

Die Eier in die Schüssel schlagen, alles gründlich vermengen und die Masse mit Salz, Pfeffer und Muskat abschmecken. Mit feuchten Händen vier große oder acht kleine Knödel formen und auf einem Teller beiseitestellen.

Einen großen Topf Salzwasser zum Kochen bringen, die Knödel hineingleiten lassen und die Temperatur reduzieren. Wenn die Knödel an der Oberfläche schwimmen, noch weitere 5 Minuten im Wasser belassen.

Die Wildschweinwürste in einer tiefen Pfanne rundherum in etwas Öl anbraten.

Die Sauce abbinden. Dafür Cognac und Stärke gut vermengen und mit einem Schneebesen in die kochende Sauce einrühren. Die Biersauce zu den Würsten in die Pfanne gießen und einmal aufkochen. Die Bratwürste zu den Brezenknödeln servieren und etwas Sauce darüberträufeln.

Rehbratwurst mit Wirsing & Baggers

Ob Reiberdatschi, Reibekuchen oder Baggers – die knusprigen Kartoffelpuffer lassen alle Herzen höherschlagen. Sie sind ganz einfach zubereitet und passen prima zu Wirsing und Rehbratwurst. In jedem Fall die herb-süßen Preiselbeeren dazureichen, sie runden das Gericht perfekt ab.

Zutaten für 4 Personen

12 Rehbratwürste
Preiselbeermarmelade zum Servieren

Für die Baggers

1 Zwiebel
750 g Kloßteig
4 Bio-Eier
Salz und schwarzer Pfeffer aus der Mühle
1 Prise Muskatnuss
Butterschmalz zum Braten

Für das Wirsinggemüse

1 Wirsing
1 EL Dillsamen
4 EL Butter
Salz

Zubereitung

Den Backofen auf 150 °C (Ober-/Unterhitze) vorheizen.

Die Rehwürste bei niedriger Hitze rundherum im Butterschmalz braten. Aufgrund ihres geringeren Fettgehalts dauert das eine Weile. Während sie braten, die Baggers zubereiten.

Für den Baggersteig die Zwiebel fein würfeln und mit dem Kloßteig und den Eiern in einer Schüssel gründlich vermengen. Mit etwas Salz und Pfeffer sowie geriebener Muskatnuss abschmecken.

Reichlich Butterschmalz in einer großen tiefen Pfanne erhitzen. Die Baggers sollten darin schwimmen, aber nicht untergehen. Die Kartoffelmasse löffelweise hineingeben und etwas andrücken. Nach und nach bei nicht zu hoher Hitze von beiden Seiten goldbraun ausbacken. Die Baggers auf ein mit Küchenpapier belegtes Backblech legen und im Ofen warm halten.

Wenn die Würste in der Zwischenzeit gar sind, ebenfalls in den Ofen geben.

Für das Wirsinggemüse den Wirsing waschen, von den groben Blattrispen befreien und in mundgerechte Stücke schneiden. Die Dillsamen in einer großen Pfanne oder einem Topf 2 Minuten bei mittlerer Temperatur anrösten, dann Butter und Wirsing hinzufügen (je nach Menge des Wirsings, diesen portionsweise in die Pfanne geben). Unter häufigem Rühren einige Minuten dünsten, bis der Wirsing zusammenfällt. Mit Salz abschmecken.

Rehbratwürste, Baggers und Wirsing mit einem großen Klecks Preiselbeermarmelade servieren.

Feine Wildschweinbratwurst mit geschmortem Rotkohl

Die herbe Wildschweinbratwurst wird von den erdigen und würzig-süßen Komponenten von Rotkohl, Sellerie und Birne begleitet. Ein echter Seelenschmeichler für Herbst- und Wintertage. Für das Wacholder-Öl ein hochwertiges geschmacksneutrales Öl mit einigen angedrückten Wacholderbeeren für 2–3 Wochen ansetzen.

Zutaten für 4 Personen

4 feine Wildschwein-bratwürste
Fleur de Sel

Für den geschmorten Rotkohl
1 mittelgroßer Rotkohl
Rotwein
Salz

Für das Selleriepüree
300 g Knollensellerie
1 Kartoffel
1 EL Butter
150 ml Weißwein
ca. 500 ml Milch
Salz

Für die Birnen
2 Birnen
1 EL alter Balsamicoessig
1 EL Wacholder-Öl (nach Belieben)

Zubereitung

Den Rotkohl in vier dicke Scheiben schneiden (dabei den Strunk entsorgen) und nebeneinander in einem Bräter platzieren. Sie dürfen ruhig eng geschichtet werden, so fallen die Blätter nicht auseinander. Salzen und so viel Rotwein dazugießen, dass der Kohl gerade so bedeckt ist. Einmal aufkochen, die Hitze reduzieren und abgedeckt so lange schmoren, bis das Kraut weich ist. (Alternativ bei 160 °C Ober-/Unterhitze im Ofen schmoren.) Gelegentlich überprüfen, ob genug Flüssigkeit im Topf ist, ggf. mit etwas Wasser aufgießen.

In der Zwischenzeit für das Püree Sellerie und Kartoffel schälen und in gleich große Stücke teilen. Die Butter in einem Topf schmelzen, Sellerie- und Kartoffelwürfel hinzugeben und einige Minuten dünsten, ohne dass sie Farbe annehmen. Mit dem Weißwein ablöschen und einkochen lassen. Wenn er fast verdampft ist, die Milch einrühren und das Gemüse abgedeckt auf kleiner Hitze weich garen. Fein pürieren und mit Salz abschmecken. Wenn es zu trocken ist, noch etwas Milch zugeben.

Die Birnen schälen, Kerngehäuse entfernen und das Fruchtfleisch in feine Würfel schneiden. In einer Schale mit Balsamico und Wacholder-Öl marinieren.

Sobald der Kohl gar ist, die Wildschweinwürste in einer Pfanne rundherum anbraten.

Jeweils eine Rotkohlscheibe auf einem Teller platzieren und mit etwas Schmorfond aus dem Bräter beträufeln. Mit einem Klecks Selleriepüree, den marinierten Birnen und etwas Fleur de Sel garnieren und mit jeweils einer Wurst servieren.

Schwäbische Maultäschle in Walnussbutter

Von Maultaschen kann man nie genug kriegen! Dieses Rezept macht sechs hungrige Esser satt. Bereiten Sie auch bei weniger Personen die gesamte Menge zu, da man Maultaschen sehr gut vorbereiten kann. Sollte also etwas übrigbleiben, können die gegarten Maultaschen einfach eingefroren und bei der nächsten Gelegenheit serviert werden.

Zutaten für 6 Personen

Für den Teig
200 g Spätzlemehl, plus mehr zum Arbeiten
1 Bio-Eigelb

Für die Füllung
1 EL Butter
50 g Zwiebel
350 g grobe Bratwürste
250 g feine Bratwürste
1 altbackene Semmel
200 g Spinat
1 Bund Petersilie
2 Bio-Eier
getrockneter Majoran
Salz und schwarzer Pfeffer aus der Mühle

Für die Walnussbutter
150 g Walnusskerne
200 g Butter

Zum Servieren
frisch geriebene Muskatnuss

Zubereitung

Die Teigzutaten mit 80 ml Wasser 10 Minuten lang zu einem homogenen Teig verkneten. Zu einer Kugel formen und abgedeckt 30 Minuten ruhen lassen. Einen großen Topf Wasser zum Kochen bringen.

In der Zwischenzeit für die Füllung die Butter in einer kleinen Pfanne bei mittlerer Temperatur zerlassen. Die Zwiebel würfeln und in der Butter glasig anschwitzen. Die Petersilie von den Stängeln zupfen und fein hacken. In die Pfanne geben und 5 Minuten mitdünsten. In eine große Schüssel umfüllen und abkühlen lassen.

Die Würste aus der Pelle drücken. Die Semmeln in dünne Scheiben schneiden. Alles zusammen mit den Eiern zur Petersilie geben und vermengen. Mit Salz, Pfeffer und Majoran abschmecken. Zur Konsistenz- und Geschmacksprobe eine Nocke von der Füllung abstechen und im siedenden Wasser garen. Kosten und ggf. nachwürzen.

Den Nudelteig je nach verfügbarem Platz in Portionen teilen und auf einer bemehlten Arbeitsplatte so dünn wie möglich zu einer 15 cm breiten Bahn ausrollen. Wenn die Hand darunter durchscheint, ist er dünn genug. Die Füllung in einen Spritzbeutel ohne Tülle geben und jeweils einen ca. 2 cm dicken Strang im unteren Teigdrittel der Länge nach aufspritzen. Dabei noch etwas Platz zum Rand lassen.

Weiter auf der übernächsten Seite >

Den Nudelteig von unten über die Masse schlagen und flach aufrollen. Die Nahtstelle sollte zum Schluss unten liegen. Mit dem Stiel eines Kochlöffels schräge Rechtecke (Rauten) abdrücken und an der Druckstelle mit einem Messer durchschneiden. Nach und nach in das kochende Salzwasser geben. Die Maultaschen sind fertig, wenn sie an der Wasseroberfläche schwimmen.

In der Zwischenzeit den Backofen auf 160 °C (Ober-/Unterhitze) vorheizen. Die Walnüsse auf ein Backblech geben und einige Minuten im Ofen anrösten. Die Butter in einem Topf aufschäumen lassen und die Walnüsse dazugeben. 100 ml Nudelwasser hineingießen und sprudelnd einkochen lassen, bis eine sämige Sauce entsteht. Die Maultaschen mit der Walnussbutter und 1 Prise Muskatnuss servieren.

Linseneintopf mit geräucherten fränkischen Bratwürsten

Dieser Linseneintopf wird mit einigen ungewöhnlichen Zutaten aufgepeppt: grüne Oliven, ganze Tomaten, Kapern und zum Schluss ein Schuss hochwertiges Olivenöl. So entsteht ein herzhaftes Gericht, das am nächsten Tag noch besser und sogar zu Pasta schmeckt.

Zutaten für 4 Personen

1 Karotte
100 g Knollensellerie
2 Kartoffeln
1 Lorbeerblatt
300 g Berglinsen
1 rote Paprikaschote
2 Zwiebeln
1 fingerdicke Scheibe Bauchspeck
2–3 geräucherte fränkische Bratwürste
2 EL entsteinte grüne Oliven
1 Jalapeño-Schote
Olivenöl zum Braten
4 Zweige Thymian
2 EL Kapern
800 g geschälte Tomaten (aus der Dose)
Salz und schwarzer Pfeffer aus der Mühle
1 Schuss Olivenöl von guter Qualität

Zubereitung

Karotte, Sellerie und Kartoffeln schälen und in mundgerechte Stücke schneiden. Mit Lorbeerblatt und Linsen in einen Topf geben und kaltes Wasser hineingießen, sodass das Gemüse 1–2 cm hoch bedeckt ist. Einmal aufkochen, dann bei geringer Hitze köcheln lassen.

Die Paprika vom Kerngehäuse befreien und zusammen mit den Zwiebeln und dem Bauchspeck in Streifen schneiden. Bratwürste, Oliven und Jalapeño in Stücke bzw. Ringe schneiden.

Zwiebeln, Paprika, Bauchspeck und Bratwurststücke in einer Pfanne in etwas Olivenöl scharf anbraten. Die Thymianblättchen von den Zweigen streifen und zusammen mit den Oliven, Kapern und Tomaten hinzufügen.

Nun die Linsen kontrollieren: Die Konsistenz der Masse sollte zwischen Suppe und Eintopf liegen. Den Pfanneninhalt zugeben, unterheben und mit Salz und Pfeffer abschmecken. 10 Minuten abgedeckt ruhen lassen.

Den Linseneintopf auf Teller verteilen und mit je 1 Schuss gutem Olivenöl servieren.

Reste lassen sich am nächsten Tag wunderbar zu einem Nudelgericht weiterverarbeiten.

Linsen & Spätzle mit Rindsbratwurst

Linsen und Spätzle sind ein klassisch schwäbisches Gericht, zu dem normalerweise Wiener Würste serviert werden. Die Rindsbratwurst passt jedoch mindestens genauso gut dazu.

Zutaten für 4 Personen

4 Rindsbratwürste
Butterflocken
4 Stängel Majoran

Für den Spätzleteig
200 g griffiges Mehl (Spätzlemehl)
2 Bio-Eier
1 Prise Muskatnuss
Salz

Für die Linsen
1 Karotte
1 Zwiebel
1 Knoblauchzehe
2 Stangen Staudensellerie
Öl zum Braten
100 g getrocknete Linsen (z. B. Alb- oder Berglinsen)
1 Scheibe geräucherter Bauchspeck
2 Lorbeerblätter
1 EL Kümmelsamen
1 Schuss Balsamicoessig
Salz und schwarzer Pfeffer aus der Mühle

Zubereitung

Für den Spätzleteig alle Zutaten in einer Schüssel mit 125 ml Wasser und 1 guten Prise Salz vermengen und mit einem Holzkochlöffel abschlagen, bis der Teig homogen ist und Blasen wirft. Abgedeckt beiseitestellen.

Für die Linsen die Karotte putzen und mit der Zwiebel und dem Knoblauch in Würfel schneiden. Den Staudensellerie in gleich große Stücke schneiden. Das Gemüse in einem Topf kurz in etwas Öl anschwitzen, die Linsen und den geräucherten Bauch im Ganzen dazugeben. Wasser hineingießen, bis das Gemüse 1–2 cm bedeckt ist. Lorbeerblätter und Kümmel hinzufügen und so lange abgedeckt köcheln lassen, bis die Linsen weich sind. Wenn nötig, Wasser nachgießen.

Sind die Linsen weich, mit Balsamicoessig, Salz und Pfeffer abschmecken und die Rindsbratwürste hineinlegen. Zugedeckt und bei ausgeschalteter Herdplatte ziehen lassen. In der Zwischenzeit die Spätzle zubereiten.

Einen großen Topf Salzwasser zum Kochen bringen. Den Spätzleteig mit Hilfe eines Spätzlebretts oder einer Presse portionsweise in das Wasser schaben. Sobald die Nudeln an die Wasseroberfläche steigen, mit einem Schaumlöffel herausnehmen und in eine Schüssel geben. Immer wieder Butterflocken hinzufügen, so kleben sie nicht zusammen. Je zügiger man hier arbeitet, desto mehr Biss haben die Spätzle.

Die Spätzle auf Teller verteilen, eine gut gefüllte Schöpfkelle Linsen dazugeben und eine Rindsbratwurst darauflegen. Die Bauchscheibe nach Belieben in Würfel schneiden und dazuservieren. Die Majoranblättchen von den Stängeln streifen und die Linsen großzügig damit bestreuen.

Thüringer Bratwurst mit zweierlei Kürbisgemüse

Die Thüringer Rostbratwurst wird hier von süßsaurem und knusprigem Kürbisgemüse begleitet. Zusammen ergibt sich so ein vollmundiges Gericht, das sowohl kalt als auch warm genossen werden kann.

Zubereitung

Den Backofen auf 180 °C (Umluft) vorheizen und ein Blech mit Backpapier belegen.

Den Hokkaido putzen, halbieren, die Kerne herauskratzen und das Fruchtfleisch in gleichmäßig große Spalten teilen. Auf das vorbereitete Backblech geben. Mit Öl beträufeln und mit Salz sowie Piment d'Espelette würzen. Im Ofen backen, bis die Spitzen knusprig werden und der Kürbis weich ist.

Für den süßsauren Kürbis Essig, Salz, Zucker und Gewürze mit 200 ml Wasser vermischen und aufkochen. Den Butternuss-Kürbis schälen, die Kerne herauskratzen und das Fruchtfleisch in haselnussgroße Stücke hacken. Die Zwiebel in Streifen schneiden. Das Gemüse in den Essigsud geben und bissfest kochen.

In der Zwischenzeit die Würste in einer Pfanne in etwas Öl rundherum anbraten.

Den Hokkaido aus dem Ofen nehmen und auf Teller verteilen. Die Würste danebensetzen und mit dem süßsauren Kürbis garnieren.

Zutaten für 4 Personen

8 Thüringer Rostbratwürste
Öl zum Braten

Für das gebackene Kürbisgemüse
1 kleiner Hokkaido-Kürbis
Olivenöl
Salz
Piment d'Espelette

Für das süßsaure Kürbisgemüse
200 ml weißer Essig
1 EL Salz
2 EL Zucker
1 EL Senfkörner
1 Sternanis
1 Zimtstange
½ Vanilleschote
1 kleiner Butternuss-Kürbis
1 Zwiebel

Schlesische Bratwurst mit winterlichem Wurzelgemüse

Dieses Gericht passt wunderbar in die kalte Jahreszeit – und noch besser zu winterlichem Wurzelgemüse. Zusammen mit der fruchtigen Orangensauce entsteht so das perfekte Essen für die Vorweihnachtszeit.

Zubereitung

Den Backofen auf 180 °C (Ober-/Unterhitze) vorheizen. Zwei Backbleche mit Backpapier belegen.

Das Wurzelgemüse putzen und, bis auf die Topinamburen, schälen. Den Sellerie in dicke Scheiben schneiden, Karotten, Schwarzwurzeln, Pastinaken und Petersilienwurzeln in etwa fingerlange Stücke teilen. Die Topinamburen jeweils halbieren. Die Orange achteln.

Alles zusammen auf die Backbleche verteilen und sparsam mit Salz, Pfeffer und dem Fünf-Gewürze-Pulver würzen. (Das Gemüse nach dem Garen nochmals nach Belieben abschmecken.) Etwas Öl darüberträufeln und alles mit den Händen vermengen. 30 Minuten im Ofen backen. Wenn das Gemüse außen gut angebräunt ist und innen weich, herausnehmen.

Die Würste in etwas Öl in einer Pfanne rundherum anbraten. Den Orangensaft in einen Topf geben und bei mittlerer Temperatur leicht einreduzieren. Vom Herd nehmen und die kalte Butter einrühren. Die Sauce sollte so binden und sämig werden.

Das Ofengemüse mit den Bratwürsten auf Teller geben und mit der Orangensauce benetzen.

Zutaten für 4 Personen

8 Schlesische Bratwürste
Öl zum Braten

Für das Wurzelgemüse
8 Topinamburen
1 Knollensellerie
8 bunte Karotten
4 Schwarzwurzeln
2 Pastinaken
2 Petersilienwurzeln
1 Orange
Salz und schwarzer Pfeffer aus der Mühle
chinesisches Fünf-Gewürze-Pulver
Olivenöl

Für die Orangensauce
200 ml frisch gepresster Orangensaft
100 g Butter

Grobe Bratwurst im böhmischen Schlafrock

Je dicker die Wurst, desto besser das Ergebnis. So ergibt sich eine saftige Füllung für den samtigen böhmischen Kloß.

Zutaten für 4 Personen

150 ml Milch
2 dicke grobe Bratwürste

Für den Knödelteig
1 Semmel
250 g Mehl (Type 550 oder doppelgriffiges Spätzlemehl), plus mehr zum Arbeiten
1 Prise Zucker
1 Prise Salz
5 g Frischhefe
1 Bio-Eigelb

Für das Pilzragout
800 g gemischte Pilze (z. B. Champignons, Pfifferlinge, Austernpilze)
2 Zwiebeln
1 Bund Schnittlauch
Salz und schwarzer Pfeffer aus der Mühle
2 EL Butter
250 ml Weißwein
Sauerrahm zum Servieren

Zubereitung

Die Milch kurz aufkochen, dann vom Herd nehmen. Die Würste hineinlegen und abgedeckt ein paar Minuten ziehen lassen.

Für den Teig die Semmel in kleine Würfel schneiden. Das Mehl in eine Schüssel geben und eine Mulde in der Mitte formen. Zucker und Salz auf den Rand streuen und die Hefe in die Mulde bröseln. Wenn die Milch handwarm abgekühlt ist, die Würste herausnehmen und beiseitestellen. Die Milch vorsichtig zur Hefe gießen und diese darin auflösen, dabei einen Teil des Mehls einarbeiten. Den Vorteig abgedeckt 20 Minuten ruhen lassen. Die Hefe sollte jetzt kräftig arbeiten und Blasen bilden. Mit dem restlichen Mehl, den Semmelwürfeln und dem Eigelb zu einem homogenen Teig verkneten und abgedeckt 1 Stunde gehen lassen.

Für das Pilzragout die Pilze putzen und in gleich große Stücke schneiden. Zwiebeln würfeln, Schnittlauch in feine Röllchen schneiden.

Einen großen Topf Salzwasser zum Kochen bringen. Die Knödel sollten darin nebeneinander Platz haben. Den Teig halbieren und auf einer bemehlten Arbeitsfläche so dick ausrollen, dass er eine Wurst gerade umschließt. Die Würste einschlagen und den Teig rundherum gut verschließen. Die Würste »im Schlafrock« in das kochende Salzwasser gleiten lassen, den Deckel auflegen und auf kleiner Hitze etwa 30 Minuten sieden lassen. Während die Knödel garen, die Pilze in einer Pfanne ohne Fett mit etwas Salz und Pfeffer goldbraun anbraten und auf einem Teller beiseitestellen.

Die Butter in derselben Pfanne zerlassen und die Zwiebelwürfel darin glasig dünsten. Die Pilze zugeben, die Temperatur erhöhen und alles mit Weißwein ablöschen. Von der Herdplatte nehmen und den Schnittlauch unterrühren.

Die Knödel aus dem Wasser heben, gut abtropfen lassen und in Scheiben schneiden. Das Pilzragout auf vorgewärmte Teller verteilen und jeweils 1–2 Knödelscheiben darauf anrichten. Mit einem Klecks Sauerrahm servieren.

Internationales

Merguez mit Taboulé

Merguez sind scharf gewürzte Lammbratwürste, die ursprünglich aus dem Maghreb stammen. Sie sind wunderbar aromatisch und passen perfekt zum frischen Couscous-Salat mit Trauben und vielen Kräutern. Dazu die Tahini-Crème-fraîche, und fertig ist das perfekte Sommergericht.

Zutaten für 4 Personen

8 Merguez-Würste
Öl zum Braten

Für das Taboulé
100 g großer Couscous (Perl-Couscous)
400 g bunte Paprikaschoten (ca. 3 Stück)
40 g getrocknete Aprikosen
1 Knoblauchzehe
Salz
60 g grüne Trauben
1 Schalotte
40 g frische Minze
40 g frische Petersilie
100 ml Olivenöl
Abrieb von 1 und Saft von 2 ½ unbehandelten Bio-Zitronen

Für die Tahini-Crème-fraîche
1 TL Tahini (Sesammus)
1 EL Crème fraîche
1 EL Olivenöl
Saft von ½ Zitrone

Zubereitung

Für das Taboulé den Couscous nach Packungsanweisung garen.

Währenddessen die Paprika putzen und zusammen mit den getrockneten Aprikosen in feine Würfel schneiden. Den Knoblauch mit 1 Prise Salz zu einer Paste zerdrücken. Die Trauben halbieren und die Schalotte fein würfeln. Alles in einer großen Schüssel vermengen.

Minze- und Petersilienblätter von den Stängeln zupfen, dabei ein paar Minzeblätter zum Garnieren beiseitelegen. Den Rest fein schneiden. Zusammen mit Olivenöl, Zitronenabrieb und -saft sowie dem gegarten Couscous zur Obst-Gemüse-Mischung in die Schüssel geben, gut vermischen und mindestens 2 Stunden kalt stellen.

Kurz vor dem Servieren die Merguez-Würste in etwas Öl rundherum goldbraun anbraten.

Die Zutaten für die Tahini-Crème-fraîche mit 2 EL Wasser zu einer homogenen Sauce verrühren.

Das Taboulé auf Teller verteilen und mit den heißen Merguez sowie der Tahini-Crème-fraîche servieren.

Merguez mit Hummus

Hummus ist ein wichtiger Bestandteil der Levante-Küche. Er sollte stets samtig und mild daherkommen, fein abgeschmeckt mit Kreuzkümmel, Koriander, Zitrone und Knoblauch. Mit dem frischen Kräutersalat, den pikanten Lammbratwürsten und getoppt mit knusprig gebratenen Kichererbsen bildet er ein besonders schmackhaftes Trio.

Zutaten für 4 Personen

8 Merguez-Würste
Öl zum Braten
5 Stängel Minze
½ Bund Dill
1 Bund Petersilie
Olivenöl
Salz

Für den Hummus
300 g getrocknete Kichererbsen
2 EL Kreuzkümmelsamen
2 EL Koriandersamen
2 Knoblauchzehen
80 g Sesampaste (Tahini)
Abrieb und Saft von 1 unbehandelten Bio-Zitrone
Olivenöl
Salz

Zubereitung

Die Kichererbsen über Nacht in kaltem Wasser einweichen. Abseihen und mit der Hälfte der Kreuzkümmel- und Koriandersamen sowie 1 abgezogenen Zehe Knoblauch in 1 l Wasser ca. 1 Stunde kochen, bis die Kichererbsen weich sind.

3 EL Kichererbsen in einer Pfanne in heißem Olivenöl unter Rühren rösten, bis sie knusprig sind.

Restliche Kichererbsen abseihen (das Kochwasser auffangen) und mit übrigem Kreuzkümmel, Koriander sowie der abgezogenen Knoblauchzehe, der Sesampaste, der Hälfte des Zitronenabriebs und etwas Olivenöl möglichst fein pürieren. Zitronensaft und etwas Kochsud zugeben, bis die Konsistenz cremig wird (dabei nicht zu flüssig werden lassen). Mit Salz abschmecken.

Die Würste in einer Pfanne in etwas Öl rundherum knusprig braten und in Stücke schneiden.

Die Blätter von Minze, Dill und Petersilie abzupfen und fein hacken. Die Kräuter mit den knusprigen Kichererbsen, dem restlichen Zitronenabrieb sowie etwas Olivenöl und Salz vermengen. Den Hummus auf Teller streichen, die Merguez-Stücke daraufsetzen und mit den gerösteten Kichererbsen garnieren.

Lammbratwürste an Ratatouille

Wer kann bei Ratatouille aus aromatischem Sommergemüse schon widerstehen? Die Süße von Zwiebeln, Paprika und Tomaten wird mit den Aromen von reifen Zucchini, Auberginen und mediterranen Gartenkräutern vollendet. Zusammen bilden sie einen zartschmelzenden Gemüseeintopf, der sich erstklassig an die Lammbratwurst schmiegt.

Zubereitung

Für die Ratatouille Aubergine, Zucchini und Paprikaschoten putzen und in ca. 1 cm große Stücke schneiden. Etwas Olivenöl in einer großen Pfanne bei mittlerer Temperatur erhitzen und das Gemüse nacheinander anbraten. Jeweils sparsam mit Salz und Pfeffer würzen. Jede Portion nach dem Braten in eine Schüssel geben.

Zwiebeln grob würfeln, den Knoblauch in feine Scheiben schneiden. Die Zwiebeln in der noch heißen Pfanne glasig dünsten, dann den Knoblauch hinzufügen.

Die Tomaten vierteln und den Strunk entfernen. Das Fruchtfleisch mit Rosmarin und Thymian zu den Zwiebeln geben. Die Hitze etwas reduzieren. Wenn die Tomaten zu zerfallen beginnen, das gebratene Gemüse zufügen.

Die Ratatouille noch etwa 10 Minuten köcheln lassen und währenddessen die Lammwürste in einer Grillpfanne bei kleiner Hitze rundherum in etwas Öl anbraten.

Wenn das Gemüse weich ist, die Ratatouille nochmals mit Salz und Pfeffer abschmecken und mit den Würsten servieren.

Zutaten für 4 Personen

8 Lammbratwürste
Öl zum Braten

Für die Ratatouille
1 Aubergine
2 Zucchini
2 Paprikaschoten
2 rote Zwiebeln
2 Knoblauchzehen
4–5 Tomaten
1 Zweig Rosmarin
2 Zweige Thymian
Olivenöl
Salz und schwarzer Pfeffer aus der Mühle

Italienisches Wurstragout mit Polenta

Dieses Ragout wird nicht nur mit Fenchelgemüse, sondern auch mit den Samen verfeinert, die den vollen Geschmack der Salsiccia betonen. Dazu ein guter Schuss Rotwein und etwas Zeit, und man erhält ein wunderbar wärmendes Essen für raues Wetter.

Zutaten für 4 Personen

Parmesan zum Servieren
frisch geschnittene Petersilie zum Garnieren
schwarzer Pfeffer aus der Mühle

Für die Polenta
Olivenöl
400 g Polenta
Salz und schwarzer Pfeffer aus der Mühle
30 g Butter
50 g geriebener Parmesan

Für das Ragout
½ Fenchelknolle
3 rote Zwiebeln
100 g Knollensellerie
1 Stange Staudensellerie
6 Salsiccia-Würste
Öl zum Braten
1 EL Fenchelsamen
300 ml Rotwein

Zubereitung

Für die Polenta in einem Topf mit schwerem Boden etwas Olivenöl erhitzen, die Polenta einrieseln lassen und kurz anrösten. Insgesamt 1–1 ½ l kaltes Wasser in mehreren Portionen zur Polenta gießen und gut verrühren. Dabei jeweils einige Minuten köcheln lassen, bis der Maisgrieß kein Wasser mehr aufnimmt. Achtung, der heiße Maisgrieß spritzt beim Kochen schnell! Die gesamte Prozedur dauert ca. 40 Minuten.

Währenddessen das Ragout vorbereiten. Hierfür den Backofen auf 160 °C (Ober-/Unterhitze) vorheizen.

Den Fenchel putzen und vom Grün befreien. Die Fenchelhälfte nochmals quer teilen und in mundgerechte Streifen schneiden. Die Zwiebeln in grobe Spalten teilen. Den Knollensellerie schälen und in bleistiftdicke Stifte schneiden. Den Staudensellerie schräg in 2 cm große Stücke hacken. Die Salsiccia aus der Pelle holen und das Brät in mundgerechte Stücke teilen. Diese in einem breiten ofenfesten Topf mit Deckel scharf in etwas Öl anbraten. Das Gemüse zufügen und etwa 5 Minuten unter Rühren dünsten. Die Fenchelsamen zugeben und mit dem Rotwein und 300 ml Wasser ablöschen. Den Deckel auflegen und ca. 40 Minuten im Ofen schmoren.

Die Polenta mit Salz und Pfeffer abschmecken und, wenn nötig, nochmals mit etwas Wasser verdünnen. Sie sollte sämig sein, nicht zu flüssig. Zum Schluss Butter und Parmesan unterziehen.

Die Polenta auf Teller verteilen und eine Schöpfkelle Ragout daraufgeben. Parmesan frisch darüberreiben und mit gehackter Petersilie sowie frischem Pfeffer garnieren.

Orecchiette in grüner Brühe mit Fenchel-Salsiccia

Dass Nudeln glücklich machen, ist allgemein bekannt. In diesem italienischen Rezept baden die Orecchiette in einer feinen Gemüsebrühe, die mit Fenchel-Salsiccia und grünen Tomaten verfeinert wurde. Echtes italienisches Seelenfutter also!

Zutaten für 4 Personen

250 g Orecchiette
Salz
120 g Buschbohnen
120 g Fenchel
100 g Staudensellerie mit Selleriegrün
200 g Fenchel-Salsiccia
15 g Basilikum
150 g reife grüne Tomaten
½ Zwiebel
½ Handvoll Thymian
½ Handvoll Bohnenkraut
Olivenöl zum Servieren
schwarzer Pfeffer aus der Mühle
Mascarpone zum Servieren

Zubereitung

Orecchiette in reichlich Salzwasser al dente garen und abgießen. Weitere 1,5 l Salzwasser im selben Topf erhitzen.

Die Buschbohnen putzen und dritteln. Den Fenchel putzen und in Würfel schneiden. Den Staudensellerie putzen und würfeln, dabei die Sellerieblätter beiseitelegen. Die Salsiccia häuten und das Brät in grobe Stücke zerteilen. Basilikum- und Staudensellerieblätter fein schneiden. Die grünen Tomaten vierteln, die Samen herausschaben, dann die Viertel nochmals halbieren. Die Zwiebel würfeln.

Die Bohnen im kochenden Salzwasser mit etwas Bohnenkraut blanchieren, aus dem Wasser heben und beiseitestellen. Fenchel und Staudensellerie im gleichen Wasser bissfest kochen. Die Hitze reduzieren, dann Orecchiette, Bohnen und Zwiebeln dazugeben. Salsiccia-Brät, Thymian und restliches Bohnenkraut darauflegen. Mit einem Deckel verschließen und ziehen lassen. Die Brühe sollte jetzt nicht mehr kochen.

Wenn die Wurst gar ist, Basilikum, Sellerieblätter und die Tomaten in den Topf geben und vorsichtig umrühren. Mit einer Suppenkelle auf Teller verteilen und mit Olivenöl, frischem Pfeffer und je einem Klecks Mascarpone servieren.

Moussaka mit Lammbratwurst

Moussaka – der wahrscheinlich berühmteste griechische Auflauf –, verfeinert mit Paprika, Tomaten, Zimt, Oregano und einer würzigen Lammbratwurst. Obenauf kommt eine Kartoffelhaube, die im Ofen schön knusprig wird.

Reichlich für 4 Personen

6 Auberginen
2 grüne Paprikaschoten
Olivenöl
1 Prise Oregano
Salz und schwarzer Pfeffer aus der Mühle
2 Zwiebeln
6 Lammbratwürste
4 große Tomaten
1 Zimtstange
150 ml Rotwein
4 Kartoffeln

Für die Béchamelsauce
100 g Butter
100 g Mehl
1 l kalte Milch
Salz und weißer Pfeffer aus der Mühle
1 Stück unbehandelte Bio-Zitronenschale
Saft von 1 Zitrone
1 Prise frisch geriebene Muskatnuss
1 Gewürznelke
100 g Feta
1 Bio-Ei

Zubereitung

Den Backofen auf 200 °C (Ober-/Unterhitze) vorheizen und ein Backblech mit Backpapier belegen.

Die Auberginen putzen, längs halbieren und auf der Schnittfläche kreuzweise einschneiden. Mit der Hautseite nach unten auf das Backblech legen. Die Paprika halbieren, das Kerngehäuse entfernen und die Hälften dazulegen. Das Gemüse mit etwas Olivenöl, Oregano, Salz und Pfeffer marinieren und ca. 40 Minuten im Ofen backen, bis die Auberginen weich sind.

In der Zwischenzeit die Zwiebeln würfeln und in einem Topf mit schwerem Boden in etwas Olivenöl andünsten. Die Würste aus der Pelle drücken und das Brät zu den Zwiebeln geben. Die Tomaten vierteln und die Kerngehäuse herausschneiden. Diese mit in den Topf geben, den Rest der Tomaten würfeln und beiseitestellen. Wenn sich die Kerngehäuse im Topf langsam auflösen, alles mit Salz, Pfeffer, Oregano und der Zimtstange würzen und mit Rotwein ablöschen. Das Ganze unter gelegentlichem Rühren etwa 30 Minuten bei kleiner Hitze abgedeckt schmoren lassen.

Wenn die Auberginen weich sind, aus dem Ofen holen und beiseitestellen.

Die Kartoffeln schälen und in dünne Scheiben hobeln. Bis zur Verwendung in kaltes Wasser legen.

Für die Béchamelsauce die Butter in einem Topf aufschäumen lassen und das Mehl darüberstäuben. Mit einem Schneebesen verquirlen, dabei sollten weder Butter noch Mehl Farbe annehmen. Nach und nach mit der Milch auffüllen und sorgfältig rühren, damit sich keine Klumpen bilden. Mit Salz, Pfeffer, Zitronenschale und -saft, Muskat sowie der Gewürznelke abschmecken. Mindestens 10 Minuten leise köcheln lassen, dann vom Herd ziehen und etwas abkühlen lassen. Den Fetakäse zerbröseln, in einer Schüssel mit dem Ei vermengen und in die Béchamel einrühren.

Den Backofen auf 180 °C (Ober-/Unterhitze) vorheizen.

Den Boden einer großen Auflaufform mit etwas Lammfleischsauce benetzen. Darauf die Paprikahälften legen. Die Auberginenhälften so darauf verteilen, dass die Schnittflächen abwechselnd nach oben und nach unten schauen. Die restliche Lammsauce mit den beiseitegestellten Tomatenwürfeln vermischen und über die Auberginen geben. Mit reichlich Béchamelsauce begießen. Die Kartoffelscheiben dachziegelartig darauf anordnen. Mit etwas Olivenöl beträufeln und mit Salz sowie Pfeffer würzen.

Das Moussaka 40 Minuten im Ofen backen, bis die Kartoffeln eine goldbraune Kruste haben.

Pizza con Wurstel (Pizza mit scharfer Salsiccia)

Ein einfaches Gericht, wenn man sich den fertigen Pizzateig beim Lieblings-Pizzabäcker holt. Entscheidend ist die Hitze, die für ein perfektes Backergebnis um die 400 °C betragen sollte. Schmecken tut es aber auch aus dem Haushaltsofen – besonders in geselliger Runde.

Zutaten für 4 Personen

4 Salsiccia piccante
4 Knoblauchzehen
4 Kugeln Mozzarella
1 Bund Basilikum
4 Portionen Pizzateig
griffiges Mehl zum Arbeiten
500 g Tomatenpassata
Olivenöl von guter Qualität zum Servieren
Meersalz

Zubereitung

Den Backofen bei Umluft auf die höchstmögliche Temperatur vorheizen. Im unteren Drittel ein Blech mit dem Boden nach oben einschieben, um es mitzuerhitzen.

Die Salsiccia häuten und mit den Fingern in grobe Stücke zerteilen. Den Knoblauch in feine Scheiben schneiden. Die Mozzarellakugeln in Stücke zerteilen, die Basilikumblätter von den Stängeln zupfen und grob hacken.

Die Teigportionen nacheinander vorbereiten und backen. Dazu jeweils 1 Teigportion mit reichlich Mehl auf einem Pizzaschieber oder Holzbrett vorsichtig zu einer dünnen Pizza formen, ohne sie zu zerreißen. Dabei darauf achten, dass ein luftiger Rand erhalten bleibt. Jeweils 5 großzügige EL Passata darauf verteilen, nach Belieben auch ein wenig auf dem Rand. Salsiccia, Mozzarella, Basilikum und Knoblauch darüberstreuen.

Nun die Pizza vom Schieber auf das heiße Blech im Ofen gleiten lassen und so lange backen, bis der Teig Farbe bekommt (je nach Ofentemperatur, Backdauer anpassen) - für ein kräftiges Aroma etwas länger. Währenddessen die nächste Pizza ausrollen und belegen.

Die goldbraune Pizza mithilfe des Schiebers aus dem Ofen holen, auf einem großen Brett mit Olivenöl beträufeln und mit etwas Meersalz bestreut servieren.

Jede Pizza noch heiß zusammen genießen, während die nächste schon im Backofen ist.

Baskische Txistorra auf Favabohnen

Die pikante Txistorra-Wurst, eine Variante der Chorizo, passt ganz hervorragend zu den sanften Favabohnen, auch als Acker- oder Saubohnen bekannt. Sie machen zwar etwas Mühe bei der Zubereitung, ergeben danach aber eine wunderbar schmackhafte Beilage.

Zubereitung

Die Bohnen zum Schälen in reichlich kochendes Salzwasser geben und nach dem erneuten Aufkochen ca. 1 Minute blanchieren. Dann in ein Sieb abgießen und mit kaltem Wasser abbrausen.

Die Bohnen von der Schale befreien. Diese lässt sich am besten entfernen, indem man eine Bohne zwischen Daumen und Zeigefinger hält und »schnipst«. So verfahren, bis alle Bohnen geschält sind.

Die Würste bei niedriger Hitze in einer großen Pfanne rundherum in etwas Öl anbraten. Nach 5 Minuten Knoblauch und Salbei dazulegen und kurz mitbraten.

Die Bohnen in die Pfanne füllen, die Hitze erhöhen und alles kurz andünsten. Die Txistorra herausnehmen und auf Tellern platzieren.

Die Bohnen mit etwas Zitronenabrieb und -saft sowie Salz abschmecken und mit wenig Wasser durchschwenken. So legt sich ein köstlicher Film um jede einzelne Bohne. Sofort zu den Würsten servieren.

Zutaten für 4 Personen

4 Txistorra-Würste
Öl zum Braten
4 Knoblauchzehen
8 Stängel Salbei

Für die Bohnen
600 g Favabohnen (Nettogewicht; bei frischen Bohnen lieber die fünffache Menge kaufen, da die Hülsen den Großteil des Gewichts ausmachen)
Salz
Abrieb und Saft von 1 unbehandelten Bio-Zitrone

Chorizo mit Tortilla de patatas & Tomatensalat

Wenn man an spanisches Essen denkt, kommt einem schnell die berühmte Tortilla de patatas in den Sinn: In Ei gebackene Kartoffelscheiben bilden einen köstlichen herzhaften Pfannkuchen. Dazu die nicht weniger bekannte Chorizo. Ein aromatischer Tomatensalat rundet das Urlaubsgefühl perfekt ab.

Zutaten für 4 Personen

4 Chorizo-Würste
Öl zum Braten

Für die Tortilla de patatas
1 Zwiebel
800 g Kartoffeln
400 ml Olivenöl
6 Bio-Eier
Salz und schwarzer Pfeffer aus der Mühle

Für den Tomatensalat
4 große Fleischtomaten
1 rote Zwiebel
4 Stängel Oregano
Meersalz
Saft von 1 Zitrone
Olivenöl von guter Qualität

Zubereitung

Für die Tortilla die Zwiebel in feine Streifen schneiden. Die Kartoffeln schälen und in etwa 3 mm dicke Scheiben schneiden.

Das Olivenöl in einer großen tiefen Pfanne erhitzen. Die Zwiebeln dazugeben, schwenken und die Hitze auf mäßig-hohe Temperatur reduzieren. Die Kartoffeln zufügen und 10–15 Minuten unter gelegentlichem Wenden braten.

Die Eier in eine große Schüssel schlagen und kurz verquirlen. Wenn die Zwiebeln schön karamellisiert sind und die Kartoffeln langsam auseinanderfallen, mit einem Schaumlöffel aus der Pfanne heben und zu den Eiern geben. Mit Salz und Pfeffer würzen, dann vorsichtig, aber gründlich miteinander vermengen. Abgedeckt 10–15 Minuten ruhen lassen. Das übrige Öl aus der Pfanne abseihen und für die nächste Tortilla oder ein anderes Gericht aufbewahren.

Die Kartoffel-Ei-Masse in die noch leicht ölige heiße Pfanne geben und bei mittlerer Hitze etwa 5 Minuten braten. Zum Wenden einen großen Teller mit der Unterseite nach oben auf die Tortilla legen, gut festhalten und die Pfanne rasch wenden. Das Omelette nun von der anderen Seite in die Pfanne gleiten lassen und fertig braten. Die Mitte sollte zum Schluss noch cremig sein.

Für den Tomatensalat die Fleischtomaten quer in fingerdicke Scheiben, die Zwiebel in feine Streifen schneiden. Die Tomaten auf einem großen Teller ausbreiten, mit den Zwiebeln, frischen Oreganoblättchen und Meersalz bestreuen. Zitronensaft und Olivenöl darüberträufeln.

Die Chorizo-Würste bei geringer Hitze rundherum in etwas Öl anbraten und auf Teller verteilen. Ein Stück Tortilla de patatas und den Tomatensalat dazuservieren.

OLMA-Bratwurst mit Rösti & Birnenkompott

Die OLMA-Bratwurst könnte gut und gerne als Schweizer Nationalwurst bezeichnet werden. Was könnte also besser zu ihr passen als ein weiteres Steckenpferd der schweizerischen Küche: Rösti! *(Mehr Infos zur OLMA-Wurst auf S. 55)*

Zutaten für 4 Personen

4 OLMA-Bratwürste (St. Galler Bratwürste)
Butterschmalz zum Braten

Für das Birnenkompott
6 mittelgroße Birnen
2 EL weißer Portwein
2 EL Zucker
Saft von ½ Zitrone
1 EL scharfer Dijonsenf

Für die Rösti
1 kg festkochende gegarte Kartoffeln vom Vortag
Salz und schwarzer Pfeffer aus der Mühle
4 EL Butterschmalz

Zubereitung

Für das Kompott die Birnen schälen, putzen, würfeln und in einer Schale im Portwein marinieren. Den Zucker mit dem Zitronensaft in einem Topf vermengen, aufkochen und bei mittlerer Temperatur leicht karamellisieren lassen. Mit 150–200 ml Wasser ablöschen und die Birnen hineinlegen. Bei kleiner Hitze abgedeckt sieden, bis die Birnen anfangen zusammenzufallen. Von der Hitze nehmen und ruhen lassen.

Für die Rösti die Kartoffeln grob reiben, mit Salz und Pfeffer würzen. Das Butterschmalz in einer tiefen Pfanne bei mittlerer Temperatur erhitzen und entweder eine große Rösti ausbacken oder vier kleine. Dafür die Kartoffelmasse locker in das heiße Fett streuen und bei nicht zu hoher Hitze langsam knusprig braten. Die große Rösti mit Hilfe eines Tellers wenden. Wenn beide Seiten knusprig sind und das Innere noch leicht feucht, ist sie fertig.

Den Senf unter die zerfallenen Birnen rühren.

Die Würste in einer Pfanne rundherum in etwas Schmalz anbraten.

Die Rösti auf Teller verteilen und jeweils eine Wurst sowie einen Klecks Birnenkompott dazuservieren.

Luganega mit Risi e Bisi

Weder Suppe noch Risotto – so könnte man Risi e Bisi kurz und knapp definieren. Spart man nicht an der Qualität der Zutaten, wird man mit einem wunderbar würzigen Aroma belohnt. Verfeinert mit den knackig-süßen Erbsen und der herzhaften Luganega-Bratwurst ein rundherum gelungenes Gericht.

Zutaten für 4 Personen

1 Stange Lauch
5 schwarze Pfefferkörner
Salz
Olivenöl zum Braten
1 Knoblauchzehe
250 g Risottoreis (z. B. Vialone nano)
250 g Erbsen (frisch gepalt oder TK)
Abrieb von ½ unbehandelten Bio-Zitrone
500 g Luganega-Bratwürste
Öl zum Braten
75 g Grana Padano
50 g Butter
schwarzer Pfeffer aus der Mühle

Zubereitung

Den Lauch putzen und in grobe Stücke schneiden. Mit den Pfefferkörnern, einer guten Prise Salz und 2 l Wasser in einen Topf geben und 1 Stunde bei kleiner Hitze kochen lassen. Dann abseihen und die Lauchbrühe dabei auffangen.

Anschließend etwas Olivenöl in einem Topf bei mittlerer Temperatur erhitzen. Den Knoblauch in feine Scheiben schneiden und zusammen mit dem Reis andünsten, bis dieser glasig ist.

Schöpflöffelweise die Lauchbrühe angießen und den Reis darin unter gelegentlichem Rühren bissfest garen. Nach etwa 15 Minuten die Erbsen und etwas Zitronenabrieb hinzufügen. Das Risi e Bisi sollte etwas flüssiger sein als ein Risotto.

Die Wurst in einer Grillpfanne von beiden Seiten in etwas Öl anbraten.

Zum Schluss den Grana Padano fein reiben und zusammen mit der Butter unter den Reis ziehen. Nochmals mit Salz und Pfeffer abschmecken und auf tiefe Teller verteilen. Die Wurst in Stücke schneiden und zum Risi e Bisi servieren.

Schweizer Wurstsalat mit St. Galler

Grüezi wohl! Dieser Wurstsalat ist ein echter Schweizer Klassiker. Wurst, Käse, Essiggürkchen, Schalotten und Kräuter – so einfach, so gut. Umso wichtiger sind allerdings die Zutaten: nur echt mit St. Galler, Appenzeller Käse und knackigen Cornichons. Dann nur noch gut durchziehen lassen, und fertig!

Zutaten für 4 Personen

600 g St. Galler Bratwurst
300 g junger Appenzeller
2 große Schalotten
190 g Cornichons (aus dem Glas)
½ Bund Liebstöckel
1 EL Senf
5 EL Essig
8 EL Traubenkernöl
Salz und schwarzer Pfeffer aus der Mühle

Zubereitung

Die Wurst häuten und zusammen mit dem Käse, den Schalotten und den Cornichons in feine Streifen schneiden. Den Liebstöckel von den Stielen zupfen und grob hacken. Die restlichen Zutaten in einer großen Schüssel zu einem Dressing verquirlen, den Wurstsalat hineingeben und gut unterheben.

Mindestens 30 Minuten durchziehen lassen, nochmals abschmecken und leicht gekühlt zum Mittag- oder Abendessen genießen.

Englisches Frühstück

Vor (oder auch nach) einem harten Tag kann man das deftige Full English Breakfast sehr gut gebrauchen. Der Clou sind die selbst gemachten Baked beans – um Welten besser als ihre Freunde aus der Dose.

Zutaten für 4 Personen

4 Lincolnshire-Würste
Öl zum Braten
8 Scheiben Speck
4 Bio-Eier
4 Scheiben Toastbrot

Für die Baked Beans
500 g getrocknete weiße Bohnen
1 Lorbeerblatt
1 Knoblauchzehe
1 daumengroßes Stück Ingwer
2 Zwiebeln
Olivenöl zum Braten
400 g Passata
1TL Worcestersauce
2 EL Ahornsirup
2 EL Sojasauce
Salz

Zubereitung

Die Bohnen knapp mit Wasser bedecken und über Nacht einweichen lassen. Am nächsten Tag mit Lorbeerblatt, geschälter Knoblauchzehe und Ingwer 45–60 Minuten im Einweichwasser gar kochen.

In der Zwischenzeit die Zwiebeln fein würfeln und in einem ofenfesten Topf bei mittlerer Temperatur in etwas Olivenöl anschwitzen. Die Passata zugeben und auf kleinster Flamme ziehen lassen, bis die Bohnen im anderen Topf fast gar sind.

Den Backofen auf 160 °C (Ober-/Unterhitze) vorheizen.

Wenn die Bohnen noch bissfest sind, abseihen und zur Tomatensauce geben. Worcestersauce, Ahornsirup und Sojasauce unterrühren und mit Salz abschmecken. Alles etwa 1 Stunde im heißen Ofen fertig garen.

10 Minuten vor Ende der Garzeit die Speckscheiben auf einem mit Backpapier ausgelegten Backblech verteilen und in den Ofen schieben.

Währenddessen die Würste in einer heißen Pfanne in etwas Öl rundherum anbraten. Herausnehmen und ohne weitere Zugabe von Fett in derselben Pfanne vier Spiegeleier braten. Die Baked Beans aus dem Ofen holen und auf Teller verteilen. Knusprigen Speck, Spiegeleier sowie Bratwürste dazureichen. Mit gerösteten Toastbrotscheiben servieren.

Bratwurst-Timpano (Pastatorte)

Dieses Rezept aus Italien ist ein absoluter Augenschmaus. Der Timpano, eine Art Pastatorte, erinnert an 80er-Jahre-Partys und hat eindeutig Soulfood-Charakter. Außen knuspriger Teig, unten gebratene Aubergine, innen Pasta in Tomatensauce, würzige Wurst und hartgekochte Eier – was will man mehr?

Reichlich für 4 Personen

Für den Teig
300g Mehl (Type 405)
150 g Butter
1 Bio-Ei

Für die Füllung
1 Karotte
2 Zwiebeln
4 Zehen Knoblauch
200 g Staudensellerie
Olivenöl zum Braten
Salz
Chiliflocken (Menge nach Belieben)
400 g gehackte Tomaten (aus der Dose)
1 Aubergine
4 Bio-Eier
250 g Bucatini (alternativ Makkaroni oder eine andere lange, hohle Nudelsorte)
5 lange Salsiccia-Würste

Zubereitung

Aus den Teigzutaten und 2 EL kaltem Wasser rasch einen Mürbteig kneten und diesen für mindestens 1 Stunde kalt stellen. Währenddessen die Füllung vorbereiten.

Karotte schälen und zusammen mit Zwiebeln, Knoblauch und Sellerie in feine Würfel schneiden. In einem Topf in etwas Olivenöl anschwitzen. Leicht salzen und Chiliflocken nach Belieben darüberstreuen. Die Tomaten einrühren und abgedeckt bei kleinster Hitze etwa 30 Minuten köcheln lassen.

Die Aubergine putzen und längs in 5 mm dicke Scheiben schneiden. In einer großen Pfanne in heißem Olivenöl von beiden Seiten bräunen, bis sie weich sind.

Die Eier 10 Minuten kochen, abschrecken und pellen.

Die Bucatini in Salzwasser kochen, dabei die Garzeit auf der Packungsangabe um 5 Minuten verkürzen. Abgießen und dabei das Nudelwasser auffangen. Ein wenig davon zur Gemüsesauce geben, sodass sie eine sämige Konsistenz bekommt. Die Nudeln mit der Sauce vermengen und abkühlen lassen.

Den Backofen auf 160 °C (Ober-/Unterhitze) vorheizen.

Den Teig auf einem Stück Backpapier ½ cm dick ausrollen, dabei ein Drittel für den »Deckel« beiseitelegen. Den ausgerollten Teig in einer ofenfesten Schüssel oder einer hohen Auflaufform platzieren. Boden und Rand mit der Hälfte der Auberginenscheiben auslegen.

Weiter auf der nächsten Seite >

Eine Lage Nudeln einfüllen, die Eier in gleichmäßigem Abstand daraufsetzen und mit weiteren Nudeln rundherum auffüllen, sodass die Eier in Position bleiben. Darauf die Würste legen, eine weitere Lage Nudeln hinzufügen und die restlichen Auberginenscheiben als abschließende Schicht darauf ausbreiten.

Mit dem ausgerollten »Deckel« abdecken und an den Rändern mit dem restlichen Teig zusammendrücken. Den Timpano 45 Minuten auf der mittleren Schiene im Ofen backen.

Herausnehmen und am besten über Nacht in der Form auskühlen lassen, sonst droht die Torte beim Stürzen auseinanderzufallen. Wenn der Timpano vollständig abgekühlt ist, vorsichtig auf eine Tortenplatte stürzen und zum Servieren nochmals im Ofen erwärmen.

Kalbswurstauflauf

Dieses Gemüsegratin ist schnell und einfach zubereitet. Die Kombination von Kartoffeln, Wurzelgemüse, Kohlrabi und der feinen Kalbswurst ist äußerst wohlschmeckend und sättigend.

Zutaten für 4 Personen

800 g Kartoffeln
1 Pastinake
1 Petersilienwurzel
1 Kohlrabi
6 gebrühte Kalbswürste
500 g Sahne
300 ml Milch
frisch gemahlene Muskatnuss
Salz und schwarzer Pfeffer aus der Mühle

Zubereitung

Den Backofen auf 170 °C (Ober-/Unterhitze) vorheizen. Die Gemüse schälen, putzen und in dünne Scheiben hobeln. Die Würste aus der Haut pellen und schräg in Scheiben schneiden.

Sahne und Milch in einem großen Topf aufkochen und das Gemüse zugeben. Unter Rühren bei mittlerer Temperatur köcheln lassen, bis sich die Flüssigkeit merklich verdickt. Die Würste unter das Gemüse heben und alles mit Muskat, Salz sowie Pfeffer abschmecken. Ruhig etwas kräftiger salzen, da die Kartoffeln während des Garens Salz aufnehmen.

Die Masse in eine Auflaufform füllen und im heißen Ofen ca. 45 Minuten backen, bis sich eine goldbraune Kruste bildet.

Involtini al limone mit Kalbsbrätfüllung

Dieses Gericht schickt Sie vom ersten Bissen an auf eine Geschmacksreise in den Süden Italiens. Sommerlich duftende Zitronen, luftgetrockneter Schinken und würziger Salbei wecken sofort Sehnsucht nach der Amalfiküste. Dazu natürlich Pasta – das ist wahrhaftig amore!

Zutaten für 4 Personen

Für den Pastateig
130 g Hartweizengrieß
3 Bio-Eigelb

Für die Involtini
1 Bund Petersilie
200 g Kalbsbratwurst
600 g Kalbsschnitzel (3 große Scheiben)
Salz und schwarzer Pfeffer aus der Mühle
Abrieb und Saft von 2 unbehandelten Bio-Zitronen
6 Scheiben luftgetrockneter Schinken
12 Blätter Salbei
Olivenöl zum Braten
Butter zum Braten

Zubereitung

Für den Pastateig den Hartweizen und das Eigelb miteinander verkneten, bis ein fester Teig entsteht. Wenn er zu trocken wirkt, etwas Wasser zugeben. Mindestens 30 Minuten abgedeckt ruhen lassen. Durchkneten und weitere 10 Minuten ruhen lassen. Der Teig sollte eine kneteähnliche Konsistenz haben.

Für die Involtini die Petersilienblättchen von den Stängeln streifen und fein schneiden. Das Kalbsbrät aus dem Wurstdarm herausdrücken. Die Schnitzel halbieren, leicht klopfen und sparsam mit Salz und Pfeffer würzen. Mit dem Brät bestreichen und Petersilie sowie drei Viertel des Zitronenabriebs darüber verteilen. Zu sechs kleinen Rouladen einrollen. Pro Roulade 2 Scheiben Schinken überlappend auslegen, 2 Salbeiblätter darauflegen und je eine Roulade darin einwickeln. So mit den restlichen Involtini verfahren.

Einen Topf mit Salzwasser zum Kochen bringen und den Backofen auf 150 °C (Ober-/Unterhitze) vorheizen. Vier Teller zum Vorwärmen in den Ofen stellen. Die Kalbsröllchen in einer Pfanne bei mittlerer Hitze 5 Minuten von allen Seiten in Olivenöl anbraten. Zum Nachgaren noch etwa 5 Minuten in den Ofen stellen.

Den Nudelteig dünn ausrollen und mit einem Teigschneider mit Wellenschliff in vier etwa kuchentellergroße quadratische Stücke teilen. Ins sprudelnde Salzwasser gleiten lassen und etwa 2 Minuten al dente garen.

In der Pfanne für die Rouladen etwas Butter zerlassen, restlichen Zitronenabrieb, den Zitronensaft sowie etwas Nudelwasser hinzufügen und zu einer sämigen Sauce kochen. Jeweils eine Nudelplatte aus dem Wasser in die Sauce gleiten lassen, schwenken und auf einem vorgewärmten Teller platzieren. So mit den restlichen Nudelblättern verfahren. Die Involtini halbieren und mit etwas Sauce und, nach Belieben, frisch gemahlenem Pfeffer servieren.

Kreatives

Bratwurst-Sushi mit Wirsing & rotem Rettich

Lange dünne Nürnberger Bratwürste eignen sich gut für Sushi – das hier allerdings nicht mit Reis und Algenblättern, sondern mit Kartoffelstampf und Wirsing daherkommt. Für mehr Knackigkeit noch pinken Rettich dazu, und fertig ist das fränkisch-japanische Fusionsgericht.

Zutaten für 4 Personen

8–10 Wirsingblätter
Salz
1 kleiner Rettich
100 ml Rote-Bete-Saft
4 Kartoffeln
160 g Butter
4 lange dünne Bratwürste
Öl zum Braten
Meerrettich zum Servieren

Zubereitung

Die Wirsingblätter jeweils vom dicken Mittelstrunk befreien und 1–2 Minuten in kochendem Salzwasser blanchieren. Herausnehmen und abkühlen lassen.

Den Rettich putzen, schälen und in dünne Stifte schneiden (etwa 2 x 2 mm). Im Rote-Bete-Saft einlegen.

Die Kartoffeln schälen und in Salzwasser gar kochen. Abgießen, ausdampfen lassen und zu einem Brei zerstampfen. Die Butter in einem Topf schmelzen und leicht bräunen (darauf achten, dass sie nicht verbrennt) und unter den Kartoffelstampf heben. Die Würste in etwas Öl rundherum anbraten.

Die Wirsingblätter auf zwei Drittel der Größe eines normalen Nori-Blattes quadratisch zuschneiden. Wenn die Wirsingblätter zu klein sind, zwei leicht überlappen lassen.

Wirsing mit der rauen Seite nach oben auf einer mit Frischhaltefolie ausgelegten Sushimatte ausbreiten und den Stampf etwa 1 cm dick darauf verteilen. Dabei am oberen Rand etwa 1 cm frei lassen.

Den Rettich abtropfen lassen, mit Küchenpapier abtupfen und zusammen mit der Wurst quer im unteren Drittel des Kartoffelstampf-Quadrats platzieren. Mit Hilfe der Sushimatte einrollen und leicht andrücken. So verfahren, bis insgesamt vier Rollen entstehen. Jede Rolle vorsichtig in einzelne Stücke schneiden und mit einem Klecks Meerrettich servieren.

Sushi mit Fischwurst

Zwischen Nori und Klebreis gerollt, sorgt eine saftige Wels-Bratwurst für herzhafte Aromen. Die Rolle wird »inside out« zubereitet, was komplizierter klingt als es ist. Garniert mit Gartenkresse, gelingt so ein wunderbares Bratwurst-Sushi, das sich nicht vor den japanischen Klassikern verstecken muss.

Zutaten für 4 Personen

250 g Sushireis
4 Welsbratwürste (auch online erhältlich)
Öl zum Braten
2 Schächtelchen Gartenkresse
2 Nori-Blätter (Algenblätter; aus dem gut sortierten Supermarkt oder Asiamarkt)
2 EL Ume Su (japanische Gewürzsauce; aus dem Asiamarkt)
2 EL Mirin (Reisessig), plus ggf. mehr zum Arbeiten
eingelegter Ingwer

Zubereitung

Den Reis in einen Topf geben und so lange mit kaltem Wasser waschen, bis es klar bleibt. Abgießen und den Reis 1–2 cm hoch mit Wasser bedecken. Bei hoher Hitze einmal aufkochen, dann bei kleinster Hitze 10 Minuten abgedeckt köcheln. Anschließend weitere 10 Minuten bei ausgeschalteter Herdplatte ziehen lassen.

Währenddessen die Würste rundherum in etwas Fett anbraten.

Die Kresse schneiden, die Nori-Blätter halbieren und eine Sushimatte mit Frischhaltefolie belegen.

Ume Su und Mirin über den Reis geben und vorsichtig vermengen.

Um beim Rollen zu verhindern, dass der Reis überall kleben bleibt, Hilfsmittel wie einen Löffel oder die Hände mit etwas Reisessig benetzen. Eine Nori-Hälfte mit der rauen Seite nach oben auf die Matte legen und etwas zimmertemperierten Reis 1 cm dick darauf verteilen. Gleichmäßig mit Kresse bestreuen und leicht andrücken.

Das Nori-Blatt wenden, sodass der Reis nun unten liegt. Eine Wurst längs darauflegen und mit Hilfe der Matte einrollen, dabei vorsichtig andrücken. So verfahren, bis vier Rollen entstehen.

Jede Rolle in gleichmäßig große Stücke schneiden. Das Sushi mit etwas eingelegtem Ingwer servieren.

Aperolwurst-Häppchen

Der Aperol-Apéro, diesmal jedoch zum Kauen. Kleine Happen Aperolwurst auf Spießchen, serviert zu Aioli, grünen Oliven, gesalzenen Chips und – wer hätte es gedacht – Aperol Spritz oder einem anderen Aperitif nach Wahl.

Zubereitung

Für die Aioli sollten alle Zutaten Raumtemperatur haben. Milch, Knoblauchzehen (Keimlinge entfernt), Senf und Zitronensaft in einen hohen Rührbecher geben. Mit dem Stabmixer fein pürieren und währenddessen das Olivenöl in einem feinen Strahl hineingießen, bis die Masse andickt und sämig wird. Die Aioli mit Salz und Pfeffer abschmecken und kühl stellen.

Die Würste in mundgerechte Stücke schneiden. Die Orange ungeschält in grobe Spalten teilen. Die Orangenspalten sollten in etwa die Größe der Wurststücke haben. Beides in einer Pfanne in wenig Öl rundherum anbraten, dann abwechselnd auf Spieße stecken.

Chips und abgetropfte Oliven in Schälchen geben und das Weißbrot frisch aufschneiden. Mit den Wurstspießen und einem Aperitif nach Wahl genießen.

Zutaten für 4 Personen

4 Aperol-Bratwürste (z. B. von der Metzgerei Freund, auch online erhältlich, siehe S. 195)
1 unbehandelte Bio-Orange
280 g grüne Oliven (aus dem Glas)
Öl zum Braten
150 g gesalzene Kartoffelchips
Weißbrot zum Servieren

Für die Aioli
100 ml Milch
2 Knoblauchzehen
½ TL Senf
1 EL frisch gepresster Zitronensaft
250 ml mildes Olivenöl
Salz und weißer Pfeffer aus der Mühle

Presskopf & Romadur mit Musik

Die Presskopfbratwurst der unterfränkischen Metzgerei Freund ist eine Abwandlung des Presssacks und wird zusammen mit dem »sauren Käs« zur vollständigen Kellerplatte. Eine Speise »mit Musik« kommt nicht mit einer Blaskapelle daher, sondern bezeichnet die Zubereitung von Wurst oder Käse in einem Essig-Zwiebel-Sud.

Zutaten für 4 Personen

4 Presskopfbratwürste (z. B. von der Metzgerei Freund, auch online erhältlich, siehe S. 195)
1 Bund Schnittlauch
4 dicke Scheiben Gewürzbrot

Für den »sauren Käs«
400 g Romadur
2 Zwiebeln
2 EL Essig
3 EL Traubenkernöl
Zucker
Salz und schwarzer Pfeffer aus der Mühle
1 TL Kümmelsamen

Zubereitung

Den Käse vor dem Aufschneiden vorsichtig abwaschen, trocken tupfen und quer in ca. 0,5 cm dicke Scheiben schneiden. In einem tiefen Teller nebeneinander anordnen.

Die Zwiebeln in feine Scheiben schneiden. Essig, Öl, 1 Prise Zucker, Salz, Pfeffer, Kümmel und die Zwiebeln mit etwas heißem Wasser übergießen und die Käsescheiben mit der Hälfte des Dressings marinieren.

Die Würste bei kleiner Hitze in etwas Öl von allen Seiten anbraten. Den Schnittlauch in feine Röllchen schneiden.

Die Presskopfwürste in einen zweiten tiefen Teller geben und mit der restlichen Marinade übergießen. Marinierten Käse sowie die Würste mit reichlich Schnittlauch bestreuen und Gewürzbrotscheiben dazureichen. Dazu passt ein kaltes Bier.

Tortellini in brodo

Handgemachte frische Nudeln, besonders gefüllte, bedeuten zwar meist einen gewissen Arbeits- und Zeitaufwand, doch dieser lohnt sich immer! Hier werden die Tortellini mit feinem Brät gefüllt und in hausgemachte Brühe gelegt. So simpel es klingt, so köstlich ist es auch.

Zutaten für 4 Personen

Für die Brühe
2 Zwiebeln
2 Karotten
2 Stangen Staudensellerie
2 Lorbeerblätter
2 Gewürznelken
6 Pfefferkörner
2 Stück Querrippe vom Rind

Für den Pastateig
200 g Weizenmehl (Type 00 oder 405), plus mehr zum Arbeiten
3–4 Bio-Eigelb

Für die Füllung
2–3 Kalbsbratwürste
1 luftgetrocknete Bratwurst
60 g geriebener Parmesan
1 EL Pistazienkerne
1 Prise frisch geriebene Muskatnuss
schwarzer Pfeffer aus der Mühle

Zubereitung

Die Brühe am besten ca. 12 Stunden vor dem Verzehr ansetzen. Die Zwiebeln halbieren, mit der Schnittfläche nach unten in eine Pfanne legen und bei kleiner Hitze schwärzen. Einen Topf Wasser zum Kochen bringen.

Die Karotten schälen und den Staudensellerie halbieren. Zusammen mit den geschwärzten Zwiebeln sowie den Gewürzen in einen zweiten großen Topf geben und mit kaltem Wasser bedecken.

Die Querrippen kurz in das kochende Wasser geben, dann zum Gemüse legen. Aufkochen, die Hitze reduzieren und bei kleiner bis mittlerer Temperatur simmern lassen. Den dabei entstehenden Schaum gelegentlich abschöpfen. Mindestens 4 Stunden köcheln. (Wird die Brühe am Tag zuvor gekocht, diese über Nacht kalt stellen. Dabei darauf achten, den Topf nicht ganz abzudecken, da die Brühe so sauer wird.)

Die Brühe ggf. nochmals aufkochen, dann durch ein Sieb abseihen und mit Salz abschmecken. Auf der Herdplatte warm halten.

Für den Pastateig Mehl und Eigelbe zu einem homogenen Teig verkneten und in Frischhaltefolie gewickelt etwa 1 Stunde ruhen lassen.

Für die Füllung alle Würste häuten und das Brät in einer Schüssel mit dem Parmesan und den Pistazien vermengen. Entweder mit Hilfe eines Mixers oder eines Messers zu einem homogenen Teig verarbeiten. Mit 1 Prise frisch geriebener Muskatnuss und Pfeffer abschmecken. Die Masse darf ruhig etwas überwürzt schmecken. Abgedeckt beiseitestellen.

Der Nudelteig sollte nach dem Ruhen eine kneteähnliche Konsistenz haben. Ist dies nicht der Fall, den Teig nochmals kneten und weitere 30 Minuten ruhen lassen.

Den Teig in Portionen teilen und nach und nach auf einer bemehlten Arbeitsfläche so dünn wie möglich ausrollen. (Den übrigen Teig stets abdecken, damit er nicht austrocknet.)

Jede Teigbahn in 6 cm große Quadrate teilen. Die Füllung in einen Spritzbeutel mit Lochtülle geben und eine 2 cm große Kugel Füllung auf jedes Quadrat setzen.

Die Quadrate diagonal zu Dreiecken falten und die Außenkanten mit flachen Fingern zusammendrücken. Das Dreieck mit der langen Seite zu sich gerichtet in die Hand nehmen, die linke Dreiecksspitze nach rechts klappen und die rechte wiederum darüberlegen. Dabei mit dem Zeigefinger und dem Daumen zusammendrücken. Die Nudel sollte wie ein Ring um den Zeigefinger liegen. So verfahren, bis Teig und Füllung vollständig aufgebraucht sind. Hat man zu viele Nudeln vorbereitet, können diese in rohem Zustand eingefroren werden.

Die Brühe nun zum Kochen bringen und die Tortellini bissfest garen. Mit Brühe auf Teller verteilen und servieren.

Bierbratwurst im Bierstangerl

Ein Bierstangerl ist ein herzhaftes längliches Brötchen mit Käse und Gewürzen, das ganz prima zur Bierbratwurst passt. Dazu gibt es bayerischen süßen Senf und Krautsalat.

Zubereitung

Für den Krautsalat den Spitzkohl putzen und fein hobeln. Die Zwiebel in feine Streifen schneiden. Beides in einer Schüssel mit je 1 guten Prise Salz und Zucker vermischen und gründlich durchkneten. Dann die Kümmelsamen untermengen.

300 ml Wasser in einem Topf aufkochen und Essig sowie das Öl zufügen. Das Kraut damit überbrühen, vermengen und nochmals mit Salz und Pfeffer abschmecken. Über Nacht oder mindestens 4 Stunden im Kühlschrank ziehen lassen.

Die Würste in einer Pfanne in etwas Öl rundherum anbraten. Die Brötchen an einer Spitze abschneiden. Mit einem Kochlöffelstiel vorsichtig das Innere aushöhlen und so Platz für die Wurst schaffen. Je nach Vorliebe, etwa je 2 EL Senf einfüllen und die Würste in die Brötchen schieben. Zu Weißbier und Krautsalat genießen.

Zutaten für 4 Personen

4 Bierbratwürste (z. B. von der Metzgerei Freyberger, auch online erhältlich, siehe S. 195)
Öl zum Braten
4–8 EL süßer Senf mit Meerrettich
4 Bierstangerl

Für den Krautsalat

1 Spitzkohl
1 Zwiebel
Zucker
Salz
1 TL Kümmelsamen
3 EL Essig
5 EL Öl
schwarzer Pfeffer aus der Mühle

»Cheesy Gonzales«-Würste mit Nachos & Guacamole

Die würzige »Cheesy Gonzales« der Nürnberger Metzgerei Freyberger wurde von ihren Kunden zur Bratwurst des Jahres 2021 gekürt. Kein Wunder – irischem Cheddar, feurigen Jalapeños und fruchtigem Peppadew kann auch kaum einer widerstehen.

Für 4 Personen als Imbiss

6 »Cheesy Gonzales«-Bratwürste (z. B. von der Metzgerei Freyberger, auch online erhältlich, siehe S. 195)
500 g Tortillachips
Sauerrahm zum Servieren

Für die Guacamole
4 reife Avocados
Abrieb und Saft von 2 unbehandelten Bio-Limetten
1 Tomate
1 rote Zwiebel
1 rote Chilischote
1 Bund Koriandergrün
Olivenöl
Salz und schwarzer Pfeffer aus der Mühle

Zubereitung

Für die Guacamole die Avocados von Schale und Kern befreien und das Fruchtfleisch in eine Schüssel geben. Limettenabrieb und -saft hinzufügen und alles mit einer Gabel zerdrücken. Die Tomaten vierteln, die Samen mit einem Teelöffel herausschaben und das Fruchtfleisch in feine Würfel schneiden. Die Zwiebel klein schneiden. Die Chilischote putzen und ebenfalls fein würfeln.

Tomate, Zwiebel und Chili unter die Avocadomasse heben und mit Olivenöl, Salz und Pfeffer abschmecken. In eine Servierschale umfüllen. Das Koriandergrün von den Stängeln zupfen und die Guacamole damit garnieren.

Den Backofen auf 150 °C (Ober-/Unterhitze) vorheizen.

Die Käse-Bratwürste in einer Pfanne in etwas Öl rundherum anbraten. Jede Wurst in vier Stücke teilen und in einer Schüssel mit den Tortillachips vermengen. Im Ofen ca. 7 Minuten erwärmen. Die Cheesy-Tortillas herausnehmen und etwas Sauerrahm und Guacamole zum Dippen dazuservieren.

Indische »Butter Wollwurst«

Das berühmte indische Butter Chicken wird in diesem Rezept abgewandelt und mit feiner Wollwurst zubereitet, die über Nacht in Joghurt und Gewürzen mariniert. So können die Aromen ihre volle Intensität entfalten und das Fleisch wird butterzart – und mindestens so gut wie das Original.

Zutaten für 4 Personen

3 Knoblauchzehen
1 daumengroßes Stück Ingwer
1 daumengroßes Stück Kurkumawurzel
1 grüne Chilischote
8 Wollwürste
2 Kardamomkapseln
1 TL Kreuzkümmelsamen
4 EL Naturjoghurt
1 TL Chilipulver (oder Menge nach Belieben)
1 TL Garam Masala
Butter zum Braten

Für die Sauce
1 daumengroßes Stück Ingwer
1 große rote Zwiebel
1 Knoblauchzehe
2 EL Butterschmalz
½ TL Kreuzkümmelsamen
2 EL Cashewnusskerne
350 g passierte Tomaten
Salz und schwarzer Pfeffer aus der Mühle

Zubereitung

Knoblauch, Ingwer und Kurkuma schälen und sehr fein hacken. Die Chilischote putzen und in Ringe schneiden. Die Würste in mundgerechte Stücke teilen. Kardamomsamen aus den Kapseln lösen und zusammen mit den Kreuzkümmelsamen im Mörser leicht zerstoßen. Alles in eine Schüssel geben und mit Joghurt, Chilipulver und Garam Masala vermengen. Über Nacht marinieren lassen.

Am nächsten Tag etwas Butter in einer Pfanne erhitzen und die marinierten und etwas abgetropften Wurststücke bei mittlerer Hitze anbraten. Die Pfanne sollte nicht zu voll werden. Lieber in zwei oder drei Durchgängen braten und zuvor etwas Butter erhitzen. Die Wurst auf einem Teller beiseitestellen.

Für die Sauce den Ingwer fein hacken. Die Zwiebel würfeln und die Knoblauchzehe abziehen. Das Butterschmalz in einem Topf erhitzen, die Kreuzkümmelsamen kurz darin anrösten, dann Ingwer, Zwiebel und Knoblauch dazugeben und unter gelegentlichem Rühren anbräunen. Die Cashewkerne zugeben und Farbe annehmen lassen. Die Tomatenpassata hinzugießen, kurz erhitzen, dann alles fein pürieren. Je nach gewünschter Konsistenz, etwas Wasser dazugeben.

Nun die gebratenen Würste zur Sauce geben und bei kleiner Hitze 15 Minuten köcheln. Zum Schluss mit Salz und Pfeffer abschmecken.

Für das Topping die Koriandersamen in einem Mörser mit dem Stößel zermahlen. Garam Masala, Bockshornkleeblätter und das Korianderpulver mit Sahne und Honig verrühren. Mit Salz und frisch geriebener Muskatnuss abschmecken.

Die »Butter Wollwurst« auf Teller verteilen und das Topping darüberträufeln. Mit etwas Koriandergrün und Butterflocken garnieren und mit Naan-Brot oder Reis servieren.

Für das Topping
1 TL Koriandersamen
1 TL Garam Masala
2 TL getrocknete Bockshornkleeblätter (erhältlich im gut sortierten Supermarkt)
100 g Sahne
1 TL Honig
Salz
frisch geriebene Muskatnuss
1 Handvoll Koriandergrün
Butterflocken

Apfel-Röstzwiebel-Bratwürste mit Käsespätzle

Die preisgekrönte salzig-süße Bratwurstkreation der Möhrendorfer Metzgerei Reck passt hervorragend zu handgemachten Käsespätzle – den winterlichen Seelentröster am besten mit dicken Socken vor dem Kamin genießen.

Zubereitung

Die Zwiebeln in feine Ringe schneiden. Mit etwas Öl in einer Pfanne bei hoher Temperatur anrösten, dann die Hitze reduzieren. Die Zwiebeln mindestens 1 Stunde unter regelmäßigem Wenden braten. So werden sie schön dunkel und knusprig.

Beide Käsesorten frisch reiben. Eine Auflaufform mit etwas Butter einfetten.

Den Backofen auf 160 °C (Ober-/Unterhitze) vorheizen.

In einem großen Topf ausreichend Salzwasser zum Kochen bringen. Den Spätzleteig mit Hilfe eines Spätzlebretts oder einer -reibe portionsweise in das kochende Wasser schaben. Sobald die Nudeln an die Oberfläche steigen, mit einem Schaumlöffel in eine große Auflaufform geben. Mit Butterflocken, Pfeffer, Röstzwiebeln und Käse bestreuen und so weiter schichten, bis alle Zutaten aufgebraucht sind. Mit einer Schicht Zwiebeln abschließen.

Die Käsespätzle im Ofen bräunen und währenddessen die Bratwürste in einer Pfanne in etwas Öl rundherum anbraten.

Die Auflaufform aus dem Ofen holen und die Spätzle sofort zu den Bratwürsten servieren.

Zutaten für 4 Personen

8 Zwiebeln
Sonnenblumenöl zum Braten
200 g Emmentaler
200 g Allgäuer Bergkäse
Butter
Salz
3 Portionen Spätzleteig (Rezept S. 130, »Linsen und Spätzle mit Rindsbratwurst«)
Pfeffer
4 Apfel-Röstzwiebel-Bratwürste (z. B. von der Metzgerei Reck, auch online erhältlich, siehe S. 195)

Bärlauchbratwurst-Bällchen mit Spaghetti

Im Frühjahr wächst vielerorts der äußerst aromatische Bärlauch, der Genießer zu vielen kulinarischen Kreationen inspiriert – zum Beispiel zu einer frischen Bärlauchbratwurst. Friert man diese im Frühjahr ein, lässt sich der Sommer auch in der dunklen Jahreszeit zurück auf den Teller holen.

Zutaten für 4 Personen

Salz
500 g Spaghetti
4 Bärlauchbratwürste (z. B. von der Metzgerei Reck, auch online erhältlich, siehe S. 195)
4 EL Butter
schwarzer Pfeffer aus der Mühle

Zubereitung

Einen großen Topf Salzwasser zum Kochen bringen und die Spaghetti darin nach Packungsanweisung al dente garen.

Während die Nudeln kochen, das Wurstbrät aus der Pelle drücken und daraus mit den Händen walnussgroße Bällchen formen. In einer tiefen Pfanne von allen Seiten kurz anbraten, dann die Butter hinzufügen und aufschäumen lassen.

Ca. 300 ml Nudelwasser abschöpfen und die Bratwurstbällchen damit ablöschen. Die Spaghetti direkt aus dem Topf hinzufügen. Bei hoher Hitze und unter ständigem Rühren sprudelnd aufkochen, bis sich Butter und Pastastärke zu einer sämigen Sauce verbinden.

Sofort auf vorgewärmte Teller geben und mit frisch gemahlenem Pfeffer bestreuen.

Fischwurst mit nordischem Kartoffel-Krabben-Salat

Fischbratwürste bieten eine feine Alternative zu klassischen Bratwürsten aus Schweine-, Wild- oder Rinderbrät. Zum Krabbenkartoffelsalat genossen, kann man die nordische »steife Brise« förmlich spüren.

Zutaten für 4 Personen

4 grobe Fischbratwürste

Für den Kartoffelsalat
800 g festkochende Kartoffeln
Salz
4 Bio-Eier
4 Essiggurken, plus etwas Gurkensud zum Verfeinern
½ Bund Dill
½ Bund Petersilie
Saft von 1 Zitrone
200 g gepulte Nordseekrabben
150 g Mayonnaise
schwarzer Pfeffer aus der Mühle

Zubereitung

Die Kartoffeln schälen und in etwa daumendicke Stücke teilen. In Salzwasser kochen, bis sie gerade gar sind, dann abgießen und auskühlen lassen.

Die Eier 7 Minuten kochen, dann in kaltes Wasser legen. Die Essiggurken je nach Größe halbieren und in dicke Scheiben schneiden.

Die Kräuter grob hacken und mit dem Zitronensaft, den Gurken und den Krabben in einer Schüssel vermengen. Einige Minuten ziehen lassen.

Die Eier pellen, jeweils längs achteln und beiseitestellen. Krabben-Gurken-Mischung mit Kartoffeln und Mayonnaise vermischen. So viel Gurkensud zugeben, dass der Salat noch cremig bleibt und nicht verwässert. Mit Salz und Pfeffer kräftig abschmecken und mit den aufgeschnittenen Eiern garnieren.

Die Fischwürste in einer Pfanne rundherum anbraten. Auf Teller verteilen und den Kartoffelsalat dazureichen.

Bratwurst richtig grillen

Tipps von Michael Hoffmann, mehrfacher Deutscher Grill- und BBQ-Meister, Vize-Grillweltmeister 2013, Barbecue Champion of the World 2008/2009

Die Bratwurst sollte vor dem Grillen Zimmertemperatur haben. Deshalb etwa eine Stunde vorher aus dem Kühlschrank nehmen. Mit einer Gabel von allen Seiten mehrmals einstechen. Dadurch verliert die Haut ihre Spannung und die Wurst platzt nicht unschön auf.

Ein optisch perfektes Ergebnis erzielt man, wenn man die Wurst mit einem scharfen Messer rautenförmig einschneidet. Die Bratwurst grillt man am besten mit direkter Hitze bei 250 Grad. Praktischer Test: Wenn man in Höhe des Grillrosts drei Sekunden lang die Hand halten kann, ist es optimal. Im Kugelgrill hilft natürlich auch ein Deckelthermometer. Zu empfehlen ist ein Holzkohlegrill. Holzkohle hat den Vorteil, dass sie schneller angezündet ist. Und die Hitzeverteilung ist am besten. Mit dem Grillen erst anfangen, wenn der Grillanzünder vollständig verbrannt ist und die Holzkohle eine dünne weiße Ascheschicht gebildet hat. Vor dem Grillen den Grillrost mit Speiseöl einpinseln. Das verhindert das Anhaften der Wurst. Und später lässt sich der Rost auch einfacher reinigen.

Beim Wurstgrillen muss man unbedingt dabei bleiben, die Wurst muss ständig beobachtet und gewendet werden. Vorgebrühte, etwa 110 Gramm schwere Würste sind nach sechs bis acht Minuten auf dem Grill servierfähig. Rohe Würste brauchen viel länger. Wenn man unsicher ist, kann man auch mal eine Wurst vom Grill nehmen und sie halbieren, um den Garzustand zu kontrollieren. Bei einer groben Bratwurst mit einem höheren Fettanteil tropft gerne Fett in die Glut, dann brennt der Grill. Nicht mit Bier ablöschen! Besser ist es, weiter indirekt zu grillen, also die Wurst von der heißesten Stelle entfernen, sich einen Bereich schaffen, wo es keine Glut gibt und dort auch eine Tropfschale darunter steht. Es lassen sich auch vorher schon drei verschiedene Temperaturzonen einrichten, zum Beispiel links ganz viel Holzkohle, zur Mitte hin etwas weniger und rechts nur ein paar kleine Stücke. So lässt sich die Wurst links heiß angrillen, in der Mitte fertig garen (bei weniger Hitze, damit die Wurst nicht verbrennt, aber bei ausreichender Hitze, dass sie weiter innen gart) und rechts später warmhalten.

Bratwurst richtig braten

Die Beschaffenheit der Pfanne ist nicht wichtig. Sie sollte nicht heißer als 160 Grad sein. Bevor die Bratwürste eingelegt werden, sollten sie kurz trocken getupft sein. Ein Esslöffel Sonnenblumenöl oder ein bisschen Butterschmalz verhindert, dass sich das Grillgut anlegt.

Wenn das Öl raucht, ist die Pfanne zu heiß. In Pfannen mit Antihaftbeschichtung funktioniert das Braten selbst ohne Öl. Zunächst sollte die Wurst von allen Seiten scharf angebraten werden. Wenn ein verführerischer goldbrauner Schimmer sich der Wurst bemächtigt, ist es an der Zeit, auf halbe Hitze zu reduzieren. So kann bei niedriger Temperatur das Innere der Wurst sanft gegart werden, ohne dass die Hülle verbrennt.

Um ein gleichmäßiges Ergebnis zu erzielen, müssen die Würste hin und her gewendet oder gerollt werden. Man sollte bei der Zubereitung ausreichend Geduld mitbringen. Natürlich braucht eine dicke Bratwurst mehr Zeit als ein dünne, bis sie bestens gebraten ist. Vor dem Servieren kann man bei Bedarf noch mit einem Papiertuch die äußere Hülle der Bratwurst von allzu viel Fett befreien.

Was gar nicht geht: die Bratwurst der Fritteuse anvertrauen. Darin kann sie zwar schnell kross werden, aber der Geschmack leidet erheblich.

Literaturverzeichnis

Marcus Gavius Apicius
De re coquinaria / Über die Kochkunst, Lateinisch/Deutsch, übersetzt und herausgegeben von Robert Maier, Stuttgart 2018.

Dorothea Čerpnjak
Kleine Kulturgeschichte der Bratwurst. Eine Lieblingsspeise erobert die Welt, Leipzig 2005.

Wiglaf Droste, Nikolaus Heidelbach, Vincent Klink
Wurst, Köln 2015.

Anna Dünnebier, Gert von Paczensky
Leere Töpfe, volle Töpfe. Eine Kulturgeschichte des Essens und Trinkens, Berlin 2021.

Jürgen Franzke (Hg.)
Das Nürnberger Bratwurstbuch, Nürnberg 2007.

Walter Gebhardt
»Ein obskures Objekt der Begierde: Wie wurde die Wurst in Nürnberg klein und berühmt?«, in: *NORICA. Berichte und Themen aus dem Stadtarchiv Nürnberg*, Nr. 18, Nürnberg 2022.

Walter Gebhardt
»Warum Nürnberger und Wiener Frankfurter essen: Entstehung, Wandel und Wirkung von Ernährungsmythen«, Vortrag im Stadtmuseum Fembohaus Nürnberg am 12.02.2015 (unveröffentlichtes Manuskript).

Jochen Grashäuser, Walter Schäfer
Das fränkische Bratwurstbuch, Erlangen 1994.

Gisela Hellinger
Die Bratwurst. Ein künstlerischer Leckerbissen, Cadolzburg 2003.

Heinrich Höllerl
Die Bratwurst ist eine Fränkin. Genüssliche Monographie eines Kult-Nahrungsmittels nebst Navigationssystem von Mittelfranken bis Thüringen einschließlich befreundetem Ausland, Würzburg 2005.

Ernst Johann
Das Jahr des Metzgers. Der Lissnerschen Wurstologia anderer Band, Frankfurt a. M. 1957.

Hermann Koch, Martin Fuchs
Die Fabrikation feiner Fleisch- und Wurstwaren, Frankfurt a. M. 1988 (19. Auflage).

Christine Lemke-Matwey, Florian Zinnecker
»Das Ende der Dynastie«, in: *Die Zeit*, Nr. 27, vom 30. Juni 2022.

Erich Lissner
Wurstologia oder Es geht um die Wurst, Frankfurt a. M. 1939.

Uwe Keith
Kleines Thüringer Bratwurst-Buch, Ilmenau 2014.

Thomas Kraft
Zwischen Bratwurst und Barock. Fränkische Besonderheiten, Wien 2006.

Herbert Maas
»Der Name Nürnberg in Sprichwörtern, Redensarten und Bezeichnungen«, in: *MVGN 79/1992*, S. 1–59.

Wolfgang Pöhlmann
Es geht um die Wurst. Eine deutsche Kulturgeschichte, München 2017.

Florian Renz
Auf der Suche nach der perfekten Stadionwurst. Von Hamburg bis Phnom Penh – Groundhopping im Bratwurstuniversum, Hamburg 2014.

Wolfgang Ries
Alles Wurscht! Das ultimative Bratwurst-Kochbuch, Würzburg 2015.

Birgit Ringlein
Bratwurst. Der universelle Genuss, Husum 2011.

Julia Rothhaas
»Natural born Griller«, in: *Süddeutsche Zeitung*, Nr. 150, 2./3. Juli 2022.

Martin Schieber
»Von Würsten, Metzgern und Touristen«, in: *Gisela Hellinger: Die Bratwurst. Ein künstlerischer Leckerbissen*, Cadolzburg 2003.

Martin Schieber, Bernd Windsheimer
Rotes Bier und Blaue Zipfel. Zur Geschichte der Ernährung in Nürnberg, Nürnberg 2004.

Internetnachweise

Bratwurst im Gratis-Test: Wie gut sind Grillwürste von Aldi, Lidl & Co.? - ÖKO-TEST (oekotest.de) (abgerufen am 12.7.2022).

Bratwürste: Die besten für den Grill - Stiftung Warentest (abgerufen am 12.7.2022).

DWDS - Digitales Wörterbuch der deutschen Sprache. Das Wortauskunftssystem zur deutschen Sprache in Geschichte und Gegenwart, hrsg. v. d. Berlin-Brandenburgischen Akademie der Wissenschaften, <https://www.dwds.de/> (abgerufen am 23.05.2022).

bratwurstmuseum.de/ (abgerufen am 27.1.2022).

charcuteria.de/wurstsorten/ (abgerufen am 11.7.2022).

dewiki.de/Lexikon/Salsiccia#google_vignette (abgerufen am 9.8.2022).

dw.com/de/10-beliebte-deutsche-wurstsorten/g-36420214 (abgerufen am 4.7.2022).

edeka.de/ernaehrung/expertenwissen/1000-fragen-1000-antworten/welche-wurst-sorten-gibt-es.jsp (abgerufen am 3.5.2022).

en.wikipedia.org/wiki/Bratwurst (abgerufen am 19.6.2022).

az.net/aktuell/gesellschaft/jugend-schreibt/st-galler-bratwurst-15986672.html (abgerufen am 17.6.2022).

fleischtheke.info/wurstsorten/bruehwuerste/fraenkische-bratwurst.php (abgerufen am 4.7.2022).

genussregion-oberfranken.de/ (abgerufen am 10.06.2022).

gottwein.de/Grie/hom/od20de.php (abgerufen am 2.5.2022).

howe-nuernberg.de/ (abgerufen am 20.4.2022).

nuernberger-bratwuerste.de/ (abgerufen am 27.1.2022).

sueddeutsche.de/stil/faszination-grillen-maenner-die-auf-koteletts-starren-1.1723436 (abgerufen am 12.6.2022).

sz-magazin.sueddeutsche.de/essen-and-trinken/warum-maenner-so-gern-grillen-79790 (abgerufen am 12.6.2022).

taz.de/Die-Bratwurst-und-der-Sport/!5808402/ (abgerufen am 4.3.2022).

wurstkuchl.de/ (abgerufen am 17.6.2022).

wurstsorten.com/ (abgerufen am 3.5.2022).

www.youtube.com/watch?v=hRdNNghXBd0 Welt TV Beitrag vom 7.9.2019, (abgerufen am 5.7.2022).

Schuberth und Schuberth Architektur und Innenarchitektur, *schuberthundschuberth.at/texte-plastilin/zum-stand-der-wurst.html* (abgerufen am 18.6.2022).

Bezugsquellen

Aperol-Bratwurst + Presskopfbratwurst
(Rezepte S. 173 und S. 174)
Metzgerei Freund, Der Kreativmetzger

Filialen:
Steingasse 3, 63825 Sommerkahl
Aschaffenburger Str. 101, 63877 Sailauf
Onlineshop:
www.metzgereifreund.com

Bierbratwurst + »Cheesy Gonzales«
(Rezepte S. 179 und S. 180)
Metzgerei Freyberger

Filialen:
Sperberstraße 99, 90461 Nürnberg
Katzwanger Hauptstraße 40, 90453 Nürnberg
Onlineshop:
www.mf58.de
YouTube:
@freybergertv

Apfel-Röstzwiebel-Bratwurst + Bärlauchbratwurst
(Rezepte S. 185 und S. 186)
Der Dorfmetzger Reck

Filialen:
Frankenstraße 33, 91096 Möhrendorf
Kleinseebacher Straße 8 (Rewe),
91096 Möhrendorf
Homepage:
www.derdorfmetzger.de
Onlineshop:
www.bratwurstliebe.de

Fischbratwurst
(Rezepte S. 170 und S. 188)
Online erhältlich, z. B. www.fischmaster.net

Rezeptregister

Rezeptregister

Dank

Viele Menschen haben dieses Buch mit aufmerksamer Anteilnahme, Anregungen, Informationen, Hinweisen und Auskünften unterstützt.

Wir bedanken uns sehr herzlich bei Wolfgang Bald, Werner Behringer, Hans Christian Blumenau, Urs Bolliger, Peter Dirsch, Cornelia Engelhardt, Matthias Freund, Dirk Freyberger, Walter Gebhardt, Dr. Rainer Heimler, Michael Hoffmann, Uwe Keith, Esther Kugler-Wittweiler, Ralf Luther, Thomas Scherraus, Verena und Theo Schneider-Neff, Sybilla Spitzer, Martin Stock, Dr. Reinhard von Stoutz, Otmar Ullrich, Nina Weiß sowie Stefan Wolf.

Besonderer Dank gebührt Jürgen Reck im fränkischen Möhrendorf, der uns hinter seine Kulissen hat blicken lassen, sowie Gabriele Hussenether (*Mobile Kochkunst* in Nürnberg), die mit Rat und Tat zur Seite stand.

Text, Bild und Rezepte sind das eine. Das alles sorgfältig begutachtet, korrigiert und in schöne Form gebracht zu haben, ist das Verdienst der versierten Lektorinnen Dr. Carmen Wurm und Denise Maurer sowie der kreativen Buchgestalterin Julia Schuller.

Schließlich gebührt ein großer Dank Verleger Norbert Treuheit, der nicht nur die Idee zu diesem Bratwurstbuch hatte, sondern sie uns auch anvertraute.

Siegfried Zelnhefer, Katharina Pflug, Manuel Kohler

Impressum

www.arsvivendi.com

Umschlagabbildung und Fotos: © Katharina Pflug, www.katharinapflug.de
Text: Dr. Siegfried Zelnhefer
Rezepte und Realisation: Manuel Kohler, Fürth
Umschlaggestaltung, Layout und Satz: Julia Schuller, Strom von Quelle Designbüro, www.stromvonquelle.de
Textredaktion und Lektorat: Dr. Carmen Wurm, Denise Maurer
Druck: GPS, Velden
Printed in Europe – ISBN 978-3-7472-0464-1